Camilo A. Ramírez R.

Este,
~~no~~
es quien yo soy

Este, ~~no~~ es quien yo soy

Primera Edición: Invierno de 2019-2020

ISBN: 978-0-9782843-4-3

Escrito entre 2007-2019
Publicado en 2020
Publicado por: Camilo A. Ramírez R.

(Versión en Español del Libro "This is ~~not~~ who I am", del mismo autor)

Toronto, Canadá

A mi hija por la edición de este libro en inglés y por haber confiado en nuestra decisión

A mi esposa quien prendió la llama de esta aventura

A todos los aventureros

A todas las minorías

A todos los inmigrantes

Y a todos aquellos que nos brindaron su ayuda

Introducción

La versión original de este libro fue escrita en inglés y tiene en su portada el siguiente mensaje de alerta para el lector: 'Este libro está escrito en Spanglish'. El hecho es que los últimos diecinueve años de mi vida los he vivido en un mundo al que denomino el 'mundo en inglés', aprendiendo una nueva cultura y un idioma cuya estructura es bien diferente a la de mi lengua materna, el español. Esto no habría sido mayor problema para quienes viven una experiencia similar a una temprana edad, pero cuando uno la inicia a los 36 años, la historia es completamente diferente.

La decisión de salir del país y venir a Canadá con mi familia, ha sido la mayor aventura de mi vida. Hubiera sido mucho más sencillo haber relatado esta aventura inicialmente en español, sin embargo, no habría reflejado apropiadamente la realidad que hoy en día vivo: vivo entre dos mundos, entre dos culturas. Mis raíces pertenecen a una, pero mi día a día sucede en la otra. Es la misma realidad que millones de personas tienen que vivir cuando emigran de sus países, ya sea voluntariamente o forzados por las circunstancias. Una realidad que nos hace ser percibidos no solo a través del filtro natural de nuestra personalidad sino también del de un lenguaje y una cultura diferente.

Si lo vemos positivamente, esta diferencia es una oportunidad, aunque de otra parte, también es una barrera a la que nos enfrentamos cada día.

Hay unos días en los cuales encuentro la forma de superar esta diferencia y sintiéndome parte del ambiente que me rodea, me digo a mi mismo: "...sí, este es mi lugar y lo estoy disfrutando". Pero hay otros días en los que me siento como si viniera de otro planeta cuando me contestan: "¿qué fue lo que me dijo?" y veo en la cara de esas personas como si les estuviera hablando en un dialecto proveniente de otra galaxia.

En la versión original de este libro, muy probablemente el lector hallará frases y párrafos, que tendrá que releer varias veces para entender el mensaje que quiero transmitir y que quizás le hará pensar "uhm, ¿será que este tipo realmente viene de otro planeta?, ¿qué es lo que está tratando de decir?". Les agradezco de antemano, el tiempo que hayan dedicado a leer mi libro. Espero que ese tiempo usado les permita entender lo que a muchos nos sucede diariamente, cuando nos vemos forzados a ser repetitivos por la barrera del idioma, mientras esperamos que a pesar de ello todavía luzcamos como seres 'normales'.

Escribir la versión original en inglés fue una aventura que disfruté desde sus primeras páginas. Ésta, me hizo reflexionar acerca de otras comunidades y grupos minoritarios que pueden enfrentar retos similares. Grupos que son vistos y juzgados por la sociedad a través de un filtro natural, heredado, creado o impuesto, respecto a la clase social, el grupo étnico, la religión, la sexualidad, la condición física o muchos otros factores. Todos al fin y al cabo somos aventureros en este mundo!.

Mi esperanza es que el lector, ya sea durante o después de su lectura, y a pesar de los múltiples errores gramaticales que pueda encontrar (para quienes lo lean en inglés), pueda descubrir el mensaje y el ser humano detrás de él, ya que yo soy más de lo que puedo expresar por las barreras del idioma.

Eso sería la prueba de que nosotros lo seres humanos, aún tenemos la esperanza de poder, sin importar las diferencias que tengamos, eliminar las barreras artificiales que hemos construido y que nos separan a los unos de los otros. Entonces, quizás un día podamos vivir más cercanos y en armonía como lo deberíamos estar haciendo hoy en día.

Soy un privilegiado al poder vivir en Canadá, un país que reconoce y valora las diferencias en las personas y que las acoge amigablemente tal y como cada una es. Este es realmente el país adecuado para compartir esta historia.

En estos diecinueve años he cambiado. Una transformación ha ocurrido dentro de mi y quién sabe, si de pronto un día, el 'Inglés' que hay en mi pueda sobrepasar a la versión 'española', que también está dentro de mí. Por ahora, consciente de ese proceso, solo puedo decir que es mi versión 'Spanglish' la que escribe este libro y que: 'Este es quien Yo soy' y 'Este no es quien Yo soy'.

Desconectado

La primera vez que me di cuenta, que emigrar a Canadá se estaba volviendo una realidad, fue el día en que vinieron a llevarse mi televisor.

El fútbol es en Colombia lo que el hockey es para Canadá. Para nosotros es una pasión y aunque tengo que confesar, que luego de muchas frustraciones con los equipos locales y el de la Selección Colombia, yo había perdido un poco el interés en el fútbol, todavía me llamaba la atención. Esa noche, el partido de fútbol que transmitían por la televisión estaba en su mejor momento. Si el equipo colombiano ganaba, se clasificaba a la siguiente ronda de la Copa Suramericana de Fútbol (el campeonato de clubes de fútbol más prestigioso de Suramérica). Yo realmente estaba absorto en el partido, lo cual no es raro, pues como le dice Margarita a mis amigos: "cuando Camilo está en frente de un televisor, el mundo puede caerse y él ni se da cuenta". Y ella tiene razón, esa 'cajita mágica' me atrae mucho.

En un momento dado, mientras miraba el partido, escuché el citófono del apartamento. Nosotros vivíamos en un apartamento, ubicado en un tercer piso y para que alguien no residente pudiera entrar, tenía que ser anunciado primero por el guardia de seguridad de la entrada principal. El guardia llamaba al apartamento y solicitaba autorización para que se dejara entrar al visitante. Esa fue la primera campanada de alerta. Como yo no me quería perder ni un momento del partido, dejé que Margarita contestara el citófono. Unos momentos después, la oigo decir: "ya vienen por el televisor…".

Al comienzo de este proceso de migración, nosotros habíamos decidido que algunas de nuestras pertenencias las llevaríamos a Canadá y otras, las menos nuevas, las íbamos a vender. Bueno, el televisor hacía parte de esta última categoría.

Es característico de nuestra cultura y generación, 'echar raíces' donde vayamos y nuestros muebles representaban definitivamente uno de los medios para poder hacerlo. Éstos eran de madera colombiana, así que llevarlos a Canadá era como si lleváramos un pedacito del país con nosotros. Pero como mencioné antes, el televisor hacía parte de otra categoría. Era un dispositivo electrónico y pensábamos que era algo que conseguiríamos más barato en Canadá (tarde nos daríamos cuenta de que este no sería el caso, pero eso es una historia diferente).

La segunda campanada de alerta fue cuando sonó el timbre de la puerta y luego de que Margarita la abrió, oí que ella dijo: "ya están aquí…". No lo podría asegurar ciento por ciento, pero noté algo de sarcasmo en su tono de voz, como si comenzara a disfrutar lo que estaba a punto de suceder.

Aunque yo accedí a la decisión de venirnos a Canadá, estuve muy reticente de hacerlo en un comienzo. Yo sentía que, aún en medio de la turbulencia social y política colombiana, nosotros vivíamos bien. Tenía un muy buen trabajo, nunca nos había sucedido nada malo y en general teníamos todo cuanto necesitábamos y queríamos: la familia (que es realmente importante en Latinoamérica), amigos, trabajo y mis montañas. Vivíamos un vida privilegiada, ¿por qué entonces pensar en salir del país?.

La explicación la dejaré para después, por ahora solo podría decir que sucumbí a la persuasión de Margarita. ¿Hay algún marido al que no le suceda esto?.

La venta del televisor tenía un significado muy especial. Representaba el primer paso concreto de este proceso, Margarita se sentiría más cercana a esta meta y yo de una manera tangible, comenzaría a encarar una realidad que traería enormes consecuencias en mi vida.

En cuestión de segundos, o mejor, de nanosegundos, pasé de ver una pantalla colorida, a una negra que fue desconectada repentinamente y luego a una blanca (la pared de mi cuarto donde estaba el televisor), seguido de un cable siendo arrastrado por el piso y que salía de mi habitación para nunca más volver!

El relato parece algo dramático, como si se estuviera describiendo la partida de alguien cercano a mí. La verdad es que esto era lo que realmente representaba. No se trataba simplemente de un partido de fútbol que había sido interrumpido en su momento más crucial, se trataba en el fondo, de mi vida. La vida que había vivido por 36 años acababa de ser desconectada para siempre, instantáneamente y casi imperceptiblemente.

Nuestro televisor era uno muy pequeño, de tan solo 14 pulgadas y nos lo habían regalado nuestros amigos más cercanos como regalo de matrimonio. A estos amigos los conocía desde kínder. Habíamos ido todos al mismo colegio, luego a la misma universidad y nos habíamos casado casi al mismo tiempo. En ese sentido el televisor era un tesoro pues estaba atado a muchos recuerdos. En muchas ocasiones, quienes nos visitaban en el apartamento, se burlaban de nosotros por el tamaño del televisor, diciéndonos cosas como: "¿cómo hacen ustedes para poder ver en una pantalla tan pequeña!?", o "¿no necesitan ustedes un par de binóculos para mirar ahí?". A pesar de esas burlas, nunca pensamos en venderlo, hasta que resolvimos irnos para Canadá.

La verdad, no me acuerdo a quién le vendimos el televisor, no puedo recordar ni siquiera cómo era su cara. Para mi, el televisor simplemente desapareció en frente mío.

Después de que se lo llevaron, me senté en la cama mirando hacia una mesa y una pared vacías y de repente las imágenes de mi vida comenzaron a aparecer en mi televisor interior: mi familia, mis amigos, mis montañas. Yo sabía que dentro de poco, así como le ocurrió al televisor, también me iban a desconectar del mundo que hasta ese entonces conocía. Fue entonces en ese momento en que me di cuenta, que antes de que nosotros llegáramos a Canadá, Canadá ya había llegado a nuestra casa en Bogotá, despertando a una nueva realidad, la cual me hacía más consciente de la decisión tomada. Una decisión que la estaba sintiendo en la mente, en el corazón y en todo el cuerpo.

Sólo unos cuantos meses después, ese cuerpo físicamente aterrizó en Canadá. Sin embargo, a mi mente y a mi corazón les tomaría varios meses más hacerlo.

La decisión (Parte I): Dios me envió un correo

La decisión de emigrar a Canadá no sucedió de inmediato. Fue un proceso con sus propias etapas, en las que muchas personas y caminos se cruzaron con nosotros mostrándonos la manera correcta y el momento adecuado para tomar esta decisión. Me gusta pensar que estos fueron los caminos de Dios. No sabía a dónde quería llevarnos, pero decidí conscientemente seguir mi corazón y dejar que las cosas sucedieran. Fue una de las pocas veces en la vida en que no racionalicé una decisión. Como siempre les digo a mis amigos, nunca tuve un mal presentimiento sobre esta decisión. Un paso nos llevó al siguiente y el siguiente al siguiente. El camino se desarrolló por sí mismo, inesperadamente muy rápido y diría, sin mayores tropiezos.

Creo, ya que lo he experimentado, que cada obstáculo que enfrentamos, cada persona que encontramos y cada meta que alcanzamos tiene un propósito en nuestra vida. Es posible que no veamos este propósito explícitamente revelado en nuestras acciones diarias, pero necesitamos tener la confianza de que todo en conjunto tiene sentido. Todo está conectado y las páginas que se escriben en nuestro diario se barajarán en algún momento en un aparente acto de magia, la magia que hemos construido en el tiempo, y el gran libro de nuestra vida se convertirá en una obra maestra perfecta de la cual nos sentiremos muy orgullosos. Muchos podrían decir que esto es un cuento de hadas, que todo esto es demasiado idealista. Bueno, tengo que decir que los cuentos de hadas existen y que podemos hacer que sucedan.

En mi caso, esta historia comenzó en una reunión en una en Bogotá. Esa tarde, Gustavo, un amigo y vecino por más de 20 años, compartió con nosotros sus planes para emigrar de Colombia. Se había enterado que Canadá tenía una política de inmigración abierta y estaba considerando solicitar la residencia permanente. Para Margarita, que en ese entonces se sentía muy incómoda y temerosa respecto a cómo habían evolucionado las condiciones sociales y políticas en nuestro país, las palabras de Gustavo eran como música para sus oídos. Tal vez este era el camino para que ella resolviera esa incomodidad y pusiera fin al creciente temor que cada día la controlaba más y más. No estoy exagerando cuando digo que su vida se estaba volviendo tortuosa. Cada vez que salía a la calle, miraba por todas partes y a todos temerosamente, con angustia de que alguien pudiera hacerle daño. Mientras estaba en su carro, ella se la pasaba permanentemente mirando a su alrededor, vigilante por si alguien intentaba robarla o hacerle daño a ella o al carro.

En un país con las clases sociales tan bien marcadas y con una riqueza tan desigualmente distribuida, estos actos delictivos podrían ser fácilmente descritos como de violencia pura. Yo, por otra parte, los clasificaría como actos de supervivencia. Lo que podría considerarse 'normal' en un país desarrollado, como tener un automóvil, una casa, llevar ropa bonita y tener cierto nivel de comodidad, son lujos que en un país, con tanta desigualdad, generan resentimiento. Esto es mucho peor en una sociedad donde una gran parte de la población cuenta con muy poco con qué vivir.

Cada uno enfrenta las dificultades de una manera diferente, pero yo sabía que Margarita estaba perdiendo su propia batalla, específicamente contra el miedo. Tarde o temprano algo iba a suceder, ella iba a explotar o un evento iba a desencadenar una decisión impulsiva de su parte. Habíamos hablado muchas veces sobre brindar a nuestra hija la oportunidad de experimentar una sociedad diferente con un mejor equilibrio social y económico. En otras palabras, los ingredientes para la sopa estaban listos y el agua ya estaba hirviendo. Era solo cuestión de poner todo junto dentro de la olla y agregar un poco de sal. Las palabras de Gustavo fueron ese ingrediente faltante. Todo esto era como una puerta que se abría para Margarita, invitándola a explorar la luz que parecía venir del otro lado de dicha puerta.

El siguiente paso fue ir a la embajada de Canadá a dejar un paquete de evaluación para saber si cumplíamos con los requisitos para la residencia permanente. "Intentémoslo, ¿qué tenemos que perder?", dijo ella. Yo no fui inmediatamente, ya que siempre me tomo mi tiempo para hacer las cosas y de otra parte porque no me convencía en absoluto esa idea. No quería apresurarme. Sin embargo, un par de días después y gracias a su persistencia, terminé yendo a la embajada.

Siempre he elogiado la claridad de Margarita para tomar decisiones. En esta ocasión, en su mente y en su corazón ella ya sabía lo que quería y lo estaba expresando. Yo simplemente la seguiría en un acto intuitivo, ya que me llevaría varios años descubrir las razones reales que me llevaron a aceptar esa decisión.

Cuando llegué a la embajada, estaban cerrando el portón de entrada, pues ese mismo día se estaban mudando a un nuevo edificio. En el último minuto tuve la oportunidad de dejarle al guardia, a través de la reja, el paquete de evaluación.

El tiempo pasó y luego de tres meses todavía no habíamos recibido ninguna respuesta de la Embajada. Por supuesto, me convertí en el blanco de preguntas de Margarita tales como: "¿realmente entregaste los documentos?", o "¿es posible que nunca hayas entregado el paquete de evaluación?". No sé qué sucedió, pero nunca recibimos una respuesta y para ser sincero, no estaba preocupado por eso. Yo no quería dejar mi país.

Profesionalmente hablando, me estaba yendo muy bien. La empresa para la que trabajaba era la compañía de mis sueños. Mi papá había trabajado allí durante más de treinta años, siempre muy orgulloso de ella y en ese momento yo pensaba que todo lo material que tenía era gracias a esa compañía. Yo era un trabajador muy dedicado, con una carrera muy exitosa en la que había escalado posiciones en un período de tiempo muy corto. Estaba muy orgulloso de haber sido nombrado Gerente, en una empresa multinacional cuando solo tenía 27 años. Por supuesto, eso tenía su precio. El precio era mi vida personal. No tenía una vida equilibrada y contradictoriamente, aunque eso era lo que más valoraba, mis acciones día tras día no eran consistentes con ese valor. Con la excepción del primer año en la vida de mi hija, en el cual tuve una carga de trabajo 'normal', me perdí muchos momentos importantes de su vida y de la de mi esposa, por trabajar tanto. Cuando se trataba de mi matrimonio, era el perfecto mirado desde afuera, pero como trabajaba tanto, no le dedicaba el tiempo necesario. En otras palabras, había en mi vida los elementos para la tormenta perfecta y todo estaba en juego.

Si el desencadenante de mi esposa fue principalmente el miedo, el mío fue la necesidad de un cambio urgente, la necesidad de encontrar el tiempo para reparar las relaciones y restablecer las prioridades en mi vida. Lo sabía profundamente en mi corazón, pero tenía miedo de reconocerlo. Mi decisión no fue tan consciente como la de mi esposa, sin embargo, mi verdadero yo detrás de la máscara del éxito profesional, estaba haciendo la llamada de alerta: "¡Hola, despierta, muévete!. Quiero salir de aquí. Quiero salir de este mundo frenético. Quiero ser tú realmente". Mi decisión fue inconsciente ya que inicialmente pensé que era el producto de mi intuición. Hoy, diecinueve años después, sé que fue más un acto de supervivencia con más miedo que la decisión de mi esposa. Era el miedo a perderme. También fue un acto de fe. La fe de que un día los puntos, nuestras acciones, se conectarían y que todo por lo que habíamos pasado tendría un sentido final.

Terminé yendo nuevamente a la embajada para pedir un nuevo paquete, pues sentíamos que cumplíamos con los requisitos. Las palabras de Margarita volvieron a ser las mismas: "vamos a intentarlo, a ver qué dicen". La verdad es que apenas un mes después de recibir el paquete de la embajada, Margarita ya tenía todos los documentos listos para presentar nuestra solicitud. Yo, no tenía excusa alguna para no volver a la embajada y enviar nuestro paquete de solicitud de residencia. Era Julio de 1999.

El 29 de noviembre de 1999, después de llegar del aeropuerto, donde nos despedimos de la hermana mayor de Margarita, Myriam, quien había decidido irse a vivir a los Estados Unidos, un mensaje en el teléfono, de parte de la embajada de Canadá, nos esperaba en la casa. Se nos había otorgado una visa de residencia permanente a todos y teníamos un año para mudarnos a Canadá.

Ella estaba emocionada y yo estaba en shock. Lo único que pude decir en ese momento fue: "... quiero tener una Navidad en paz, veamos esto el próximo año". Mientras yo postponía mi decisión al respecto, era claro que Margarita, aún sin decírmelo, ya había tomado la suya.

El año 2000 finalmente llegó, el mundo no colapsó como se predijo, pero el mío iba a cambiar dramáticamente. Como se pueden imaginar, el primero de enero de 2000, tan pronto como nos despertamos y antes de decir 'buenos días', Margarita dijo: "... ¿y ahora qué? ¿Nos vamos para Canadá?". Es en momentos como este cuando uno se da cuenta lo que realmente significa el dicho 'entre la espada y la pared'. Había llegado a un punto en el camino en donde tenía que tomar una decisión y todavía me preguntaba cuál sería la correcta.

Debido a la naturaleza de mi trabajo, había viajado a los Estados Unidos varias veces por negocios, pero nunca a Canadá, ya que Canadá pertenecía a una geografía diferente desde el punto de vista empresarial. Unos días más tarde, después de esa pregunta: "... ¿y ahora qué?", recibí un correo electrónico interno de la empresa para la que trabajaba, en la que me invitaban a una capacitación profesional en Toronto. Me sorprendió muchísimo que después de trece años de trabajo en esa empresa y justo en ese momento de mi vida, recibiera este tipo de invitación. Hablé con mi jefe, quien sabía acerca de mis planes personales y él me autorizó a tomar el entrenamiento. Margarita no podía creerlo cuando le conté sobre el viaje.

El 29 de enero de 2000, me atrevo a decir que el plan de Dios para mí en Canadá comenzó a materializarse, a pesar de mi resistencia a aceptarlo. No estaba haciendo nada para ser parte de eso. Yo sólo firmé una solicitud y pagué el costo de la aplicación a la residencia, pero nunca hice fuerza para obtenerla. Sin embargo, ahí me encontraba en un avión que iba a Toronto. Las palabras de Margarita en esta ocasión fueron similares: "sólo vas allá a mirar, luego decidiremos".

Ese día, el 29 de enero de 2000, aterricé en Canadá y me convertí en residente permanente.

La decisión (parte II): Un ángel guardián

Para aquellos que conocen lo duro que es un invierno, se podrán imaginar lo que es llegar Toronto por primera vez un 29 de enero cuando el invierno está en su etapa más extrema. Para hacer la situación más dramática, imagínense esta experiencia para alguien que toda su vida, cerca de 40 años, la ha vivido en el trópico y cuyo propósito de viaje era "mirar" para tomar una decisión que cambiaría su vida para siempre. En esas condiciones, la situación no era muy promisoria.

Sin embargo, allí me encontraba yo, literalmente sumergido en un mar de nieve donde todo a mi alrededor era blanco, un blanco brutalmente frío.

Me gusta viajar en un asiento con ventana y esta no fue la excepción. Además de que me gusta la vista desde allí, coincidía que en este viaje en particular lo que yo estaba buscando era una señal desde 'lo alto'. Así pues, estar a 36000 pies de altura parecía el lugar correcto para comenzar la búsqueda de esa señal.

Al comienzo todo se veía normal, pero a medida que nos fuimos desplazando en latitud hacia el norte, el panorama se iba tornando más y más blanco, hasta que llegamos a un punto donde lo único que parecía existir, allá abajo, era un inmenso mar de blanco. Estuvimos por horas volando sobre ese mar blanco mientras con frecuencia yo me preguntaba: "¿y esto cuando va a acabar?". Lo cierto fue que nunca lo hizo, ya que el aterrizaje se dio en medio de un mar de nieve.

Tomé un bus del aeropuerto al hotel, me registré, fui a la habitación y una vez adentro, me senté al borde de la cama. Ahí me quedé quieto, como pasmado, por varios minutos, tratando de calmarme, asimilando las circunstancias y repitiéndome a mi mismo las palabras de Margarita: "¿y ahora qué?, ¿y ahora qué?".

Luego de varios minutos, me paré de la cama, abrí las cortinas de la habitación para mirar a través de la ventana y la vista fue impresionante y amedrentante: nieve, nieve y más nieve.

El curso estuvo muy bueno y yo particularmente estuve muy activo, haciendo muchas preguntas, interactuando con los grupos en los ejercicios y construyendo relaciones con los asistentes. Al final de cada día salía con el propósito de conocer un poco más la ciudad y quizás en medio de ella hallar esa señal que me orientara para tomar la decisión correcta. Sin embargo, siempre terminé regresando al hotel sin una decisión clara al respecto.

El penúltimo día todos decidimos salir a comer para despedir al curso. La verdad estuve reticente a salir esa noche, pero finalmente algo en mi interior me empujó a hacerlo. De los cerca de quince participantes del curso, solo tres fuimos a la comida: una persona de La Florida, otra persona de Canadá y yo. Durante la comida hablamos de diferentes asuntos y como de era de esperarse, el tema de emigrar a Canadá, salió a colación. El restaurante estaba en el Centro de Toronto, contaba con un ambiente cálido y acogedor, el cual me hizo sentir a gusto y con deseos de compartir con ellos mis planes respecto a Canadá. Mike, el canadiense, me sugirió que lo contactara una vez tuviera planes más concretos respecto a mi venida. Él era el Gerente de un área donde mis habilidades y mi experiencia parecían encajar bien. Qué coincidencia!, Eh?.

Más allá de lo que hablamos, fue Mike como persona quien me brindó la sensación de calma y confianza que yo estaba buscando. Él estaba mostrándome un camino y abriendo una puerta que no existía hasta ese momento. Justo al final del ultimo día, el panorama comenzaba a aclararse. Fue increíble cómo surgió este sentimiento de paz y de confianza que me mostraba el camino a seguir. Un camino que era difícil de visualizar en una ciudad cubierta completamente por la nieve. La certeza que yo estaba buscando no vino precisamente por lo que yo fuera o no capaz de ver, vino de adentro, de lo que sentía en ese momento, y eso era justo lo que necesitaba.

Mike probablemente nunca sabrá cuán significativa fue esa comida y esa conversación para mi vida. ¿Nos sorprende esto?. Todos tenemos el potencial para transformar las vidas de aquellos con quienes interactuamos y para ello no requerimos de actos extraordinarios, ni siquiera conscientes. Muchas veces el solo escuchar a alguien, ser amables y brindar un poco de esperanza, es más que suficiente.

El día siguiente llamé a Margarita, y en esta ocasión a su pregunta: "¿y ahora qué?", mi respuesta fue: "Sí, nos vamos para Canadá".

Seis meses después nos mudamos con la familia a Toronto y al cabo de tres meses comencé a trabajar con Mike. Estoy convencido de que fue Dios quien puso a Mike en nuestro camino. Profesionalmente hablando, Mike también se convertiría en mi ángel guardián.

Mirando al futuro

Mi país natal es uno de contrates extremos. Ocupando un territorio que equivale tan solo al uno por ciento de la superficie de la tierra, contiene el quince por ciento de su biodiversidad. Los recursos naturales abundan: petróleo, carbón, esmeraldas, agua, árboles, flores, café, bosques tropicales y llanuras con muchos ríos. Ocupa el primer lugar en cantidad de especies de aves y anfibios, el segundo en plantas y el tercero en reptiles y mariposas. Una parte del Amazonas lo cruza por el sur y dos océanos bañan sus costas: El Pacífico en el occidente y el Atlántico en el norte. Este último incluye el Caribe, con sus cálidas y acogedoras aguas. Allí se levanta la Sierra Nevada de Santa Marta, la montaña más alta del mundo más cercana al mar, con sus paradisíacas y aún todavía inexploradas playas. La Cordillera de Los Andes viniendo desde sur del continente, entra a Colombia dividiéndose en tres ramales que marcan la geografía colombiana y los diferentes pisos térmicos que determinan la forma de vida los colombianos.

Aunque su ubicación geográfica, entre los 12 grados al norte de la línea del ecuador y los 4 grados al sur, la priva de tener estaciones, la misma brinda una eterna primavera en gran parte del territorio y un eterno verano en otros lugares, donde se puede disfrutar de 30 grados de temperatura prácticamente durante todo el año.

Cada región tiene sus platos típicos y sus propias vestimentas, dialectos, bailes e idiosincrasia. Si yo cierro mis ojos y trato describir Colombia con mis sentidos, diría que el norte es una mezcla de sal y mar, calor y brisa, bochorno y humedad, baile y alegría, todo esto en una mezcla con sabor a coco. El centro es verde y fresco, tiene el aroma del café, de las rosas y de la majestuosidad de las montañas de Los Andes. El oriente es una pintura de salientes lunas rojas, planicies interminables, pájaros, ganado, palmas, y una mezcla de coraje y continua aventura matizadas por el sonido de un harpa embrujadora tocada por el viento.

El Occidente en una mezcla de biodiversidad, bosque tropical lluvioso, caña de azúcar, pesca, misterio y olvido.

El Sur es un tapiz de tonos verdes y tierra, una explosión de vida donde nuestros grandes ríos nacen y la selva nos deja un agreste toque del imponente Amazonas.

En otras palabras, lo teníamos todo. Precisamente es por esto que era tan difícil dejar el país. Sin embargo, solo nos hacía falta una cosa: paz. Debido a eso, en la práctica no podíamos disfrutar de todo aquello que teníamos. En ese entonces eran las noticias referentes a la violencia las que ocupaban las primeras páginas de los periódicos, los principales espacios de los noticieros de la televisión y la sintonía de los programas de radio. Era imposible no sentir la carga emocional que esto conllevaba en el diario vivir. Día tras día y año tras año esta carga emocional crecía sin que lo notáramos. No éramos conscientes de ella. Era como un ladrón que silenciosamente nos robaba la paz interior, mientras mostrábamos hacia el exterior un aparente estado de tranquilidad.

Lo que en el fondo sucedía, era que uno desarrollaba mecanismos de defensa con los cuales intentaba racionalizar y aceptar una situación que ni era racional, ni era aceptable. Para dar un ejemplo, si uno contaba con los medios económicos para hacerlo, terminaba viviendo en una comunidad con acceso controlado y guardias armados que controlaban y monitoreaban el acceso a ella.

De otra parte, como precaución no salíamos a la calle por la noche después de cierta hora, no viajábamos fuera de la ciudad en carro, buscábamos tener un perfil bajo en todo momento y sólo retirábamos dinero de cajeros ubicados en reconocidos centros comerciales o en el mismo banco. Otro mecanismo de defensa era caminar en la calle mirando hacia adelante y hacia atrás alternadamente, tratando de no perder el balance y conservando un buen paso. Eso lo hacíamos pues uno nunca sabía si alguien podía venir por delante o por detrás para robarnos la billetera, el reloj o alguna otra pertenencia. Había tantas necesidades básicas por cubrirse en nuestro país que uno no podía juzgar a quienes cometían estos robos. Supongo que con esto encontraban una forma de sobrevivir en medio de la inequidad en que se vivía.

Desde el primer momento en Canadá esta sensación de inseguridad cambió por completo. Llegamos un 22 de Julio y al siguiente día fuimos a un asado con más de diez familias colombianas. Era extraño saber que estábamos en Canadá rodeados de más de treinta personas, todas ella colombianas, hablando en español como si estuviéramos todavía en Colombia. Sin embargo, estábamos en medio de un parque que olía diferente y se veía diferente y con una vegetación que claramente no era tropical. Nosotros parecíamos ser los mismos, pero nos comportábamos diferente. Digo esto pues mi hija le pidió prestada la bicicleta a otra niña colombiana y comenzó a montarla alrededor del parque. Mientras ella iba de un sitio a otro yo no le pude quitar los ojos de encima, me preocupaba que algo le pudiera pasar. No obstante, la felicidad que se le notaba en su cara era más grande que mi miedo. Pude entonces percibir por qué ella se sentía así: ella estaba experimentando una sensación de una libertad sin miedo. Ella estaba feliz de ir a cualquier sitio del parque. No quiero que me malentiendan, no es que viviéramos en Colombia en una prisión, pero habíamos comenzado a limitarnos tanto en términos de a dónde ir, a quién visitar y a qué hora, que ella notó inmediatamente la diferencia en este lugar.

Mi familia tiene una finca de recreo a unas dos horas de Bogotá, en una pequeña colina rodeada de mis hermosas montañas andinas (sí, no es una exageración, me gustan tanto esas montañas, que las llamo 'mías') y en medio de una exuberancia de vegetación propia del trópico. Mi papá construyó allí una casa desde donde se divisa un valle y la cordillera de Los Andes. Fue su sueño de toda una vida. Su familia había vivido en esa región en los años 50s, así que su plan era volver al lugar de donde venían sus raíces y disfrutarlo luego de su retiro laboral.

La casa estaba rodeada de árboles de frutas tropicales tales como: guayaba, naranja, mandarina, limón, banano, mango y muchos otros. Tenía en el centro grandes ventanales mirando hacia un corredor casi infinito que formaban a izquierda y derecha las montañas. Anexa a la casa se había construido un Kiosco, en el cual se había dispuesto un conjunto de hamacas, disponible para aquellos que se atrevieran a respirar profundamente, inhalar la frescura del aire tropical y sumergirse en un horizonte de verdes, azules, pájaros, mariposas, árboles y en general de una naturaleza increíble a la que a lado y lado, las montañas les hacían un marco perfecto y daban una sensación de calma infinita. Es decir, una completa utopía e ironía en medio de la violencia que nos rodeaba. Toda belleza era real, pero nosotros no la podíamos disfrutar plenamente. Nosotros pertenecíamos a una familia de profesionales de clase media, que gozábamos de ciertos privilegios, gracias a la dedicación y oportunidades que nuestros padres nos habían brindado con mucho trabajo. Esas oportunidades habían sido negadas para la mayoría de la sociedad, lo cual nos hacía 'objetivos' para dicha mayoría y la verdad nosotros no queríamos correr ese riesgo. En esa época era alta la probabilidad de ser secuestrado durante el trayecto hacia la finca, así que resolvimos recluirnos dentro de los límites urbanos de Bogotá y no volvimos a viajar a la finca. Por eso digo que puedo entender cómo se estaba sintiendo mi hija. Era como si ahora pudiera extender sus alas por completo, luego de haberlas tenido replegadas en un país lleno de contrastes.

Ese día también fue uno especial para mi, pues tuve mi primer encuentro con la hoja del árbol de arce. Soy un ingeniero de profesión, pero en el fondo mi corazón está apegado a la naturaleza. Por lo tanto no podía creer que pudiera tener en mis manos esa hoja que me parecía tan emblemática. La había visto en muchos documentos, pero soñaba con un día poder verla y tocarla. Esta experiencia me encantó.

Para mi, Canadá no habría podido escoger un mejor símbolo para su bandera. Y ahora que lo pienso, para una persona que le gusta tanto la naturaleza como yo, ¿habría un mejor país para estar que en uno que tiene como su símbolo a una hoja, la cual también representa a la vida?. Yo no creo.

Unas pocas semanas después de estar viviendo en Canadá, mi hija quien para ese entonces tenía ocho años, le preguntó a mi esposa: "mami, ¿la gente en Canadá no se muere?". Nosotros nos miramos y Margarita le respondió: "Si...¿por qué preguntas?", a lo cual Catalina respondió: "es que he estado mirando las noticias y nadie se muere aquí..". Ese día, sin decir más palabras,

Margarita y yo acordamos que debíamos seguir con nuestros planes, sin apurarnos y solo mirando hacia el futuro.

Diciendo adiós

Esta aventura tuvo demasiadas despedidas y 'adioses'. Al respecto creo que esa es la prueba de que esta aventura fue también el producto de un acto de locura en el que decidimos abandonarlo todo. Si este hubiera sido un acto racional, creo que nunca se habría materializado.

Decirle adiós a mi trabajo fue mucho más fácil de lo que muchos pensaron, incluyéndome a mi mismo. Mi papá comenzó a trabajar en IBM dos meses antes de que yo naciera y permaneció allí por treinta y cuatro años. Todos esos fueron años de un compromiso total con sus objetivos profesionales, con los principios de la compañía y con los retos asociados a mantener un desempeño sostenido en un trabajo altamente demandante.

Él hizo todo esto con orgullo y pasión extrema y yo, sin notarlo, interioricé esos mismos sentimientos. Difícil pensar que hubiera podido ser de otra manera cuando había crecido no solo oyendo hablar de esas tres letras (IBM), prácticamente todos los días de mi vida, sino viendo por toda la casa artículos relacionados con IBM:

estilógrafos, tazas, lápices, llaveros, camisas, cachuchas, libros, relojes, máquinas de escribir, computadores, etc. Por lo tanto, parecía obvio que yo estudiara Ingeniería y trabajara para IBM. Ese era mi sueño. Me gradué de Ingeniero a los 21 y a los 22 cumplí con el sueño de trabajar para IBM.

Lo que siguió a continuación por trece años fue una inmersión completa en el trabajo, al que hice la prioridad número uno de mi vida, en una carrera frenética por escalar puestos cada vez más altos, año tras año.

En esos años, alcancé todos los objetivos profesionales que me había propuesto, sin embargo perdí el objetivo personal que más apreciaba: una vida balanceada. Esto impactó mi vida por completo e irónicamente lo que comenzó como un sueño se convirtió en la práctica en una pesadilla. Muy pocos lo notaron pues para la mayoría de mis amigos y de mis colegas, mi vida era una de éxito total. Sin embargo, muy en el fondo de mi mismo, yo sabía que necesitaba un cambio.

Para muchos, dejar mi trabajo para seguir una aventura como esta, era un acto de locura. Para mi representaba un alivio y quizás la única salida posible en ese momento de mi vida. Como nos sucede a muchos, con frecuencia necesitamos algo o a alguien de afuera que nos mueva y atraiga suficientemente para sacarnos de donde estamos ahora y llevarnos hacia donde realmente deberíamos estar.

Decirle adiós a mis amigos fue duro, pero siempre tuve la certeza de que la amistad iba a continuar, a pesar de la distancia, gracias al mundo conectado en que vivimos hoy en día y a los fuertes lazos que nos unían.

Decirle adiós a 'mis' montañas del costado oriental de Bogotá, con sus vívidos picos verdes que se elevan a más de tres mil metros sobre el nivel del mar; o al olor y a la frescura de los sembrados de flores que inundan la sabana de Bogotá; o al olor del bosque tropical; o al sabor de la curuba, el lulo, la mora o el jugo de tomate de árbol; o a los nostálgicos atardeceres que en tonos naranjas despiden cada día hacia el occidente; o a la mezcla del frío de la mañana y el calor del resto de día. Dejar todo esto fue difícil, lo extraño a diario.

En Latinoamérica cuando uno se refiere a la 'familia', el término no sólo incluye al núcleo familiar (esposa e hijos), sino que es extensivo a abuelos, padres, tíos, tías, primos, primas, sobrinos, sobrinas, cuñados y cuñadas. Yo tengo tres hermanos (un hombre y dos mujeres) y mi esposa tiene siete hermanos (cuatro mujeres y tres hombres). Sumándolos todos, serían unas sesenta personas.

Esto quiere decir, que prácticamente no hay días ni fines de semana sin que haya un evento o un problema familiar que no lo ocupe. Si a esto se añade el hecho de que la familia de mi esposa es bastante 'comunicativa', entonces nunca habrá un momento de aburrimiento, ya que las noticias viajarán de familia a familia y de casa en casa muy rápido. Yo no exageraría al decir que el 'chat' de internet fue inspirado en las reuniones de la familia de Margarita!

Desde el momento en que los conocí quedé maravillado con la facilidad que tienen para reunirse y acomodarse todos, en el espacio que sea, y mantener conversaciones de cinco o más temas, todas en paralelo. El rango de temas de conversación es bien amplio pues varía desde política local e internacional hasta asuntos muy personales como la forma, textura y color de las toallas higiénicas que utilizan, tema que puede tratarse por horas!. Allí no hay censura y todo tema es válido.

Yo sabía también que iba extrañar las visitas a la casa de mis papás para recibir allí el amor incondicional que desde pequeño siempre me habían brindado. No más reuniones con mis hermanas y el resto de la familia para hablar de temas sencillos y construir recuerdos imborrables. No más conversaciones de corazón a corazón con mi hermano. Y para terminar, iba a perderme la oportunidad de ver crecer a mis sobrinas y sobrinos. Como se podrán imaginar decir adiós a todo esta ha sido muy difícil, por decir lo menos.

Si los anteriores 'adioses' fueron complicados, hay uno en especial que aún permanece grabado en mi cuerpo, mente y en mi corazón, donde creo que se quedará por el resto de mi vida. Un día antes del viaje a Canadá fui a la casa de mis papás para darle el último adiós a mi familia.

Luego de todos los besos y abrazos, en la sala de la casa, a mi mamá, mis hermanas, mi hermano y a mis tías, abracé por último a mi papá y al oído casi susurrando le dije:

"papi, lo quiero mucho" y él me respondió: "uhm, yo también". Cuando ya iba a salir, sentí la necesidad de regresar a donde mi papá estaba, así que volví, lo abracé y de le dije de nuevo: "papi, lo quiero mucho". Luego me di la vuelta y cuando me dirigía por el corredor hacia la puerta, se escuchó un quejido muy fuerte detrás mío. Volteé la cabeza y me di cuenta de que el quejido venía de mi papá. Fue como un grito de dolor que sin querer se le escapó de lo más adentro de su ser y que quiso contener tapándose la cara con sus manos. Todos quedamos sorprendidos y pasmados. Luego vinieron unos segundos de silencio en los que nadie se atrevía a decir algo. Esa expresión emocional era completamente inusual en él.

Luego vi que alguien se le acercó para consolarlo. Por respeto a él y sabiendo que hubiera preferido haber guardado ese sentimiento para él mismo en privado, continué mi camino hacia la puerta y salí de la casa.

Hace diecinueve años que me fui a vivir a Canadá y mi papá murió hace trece. Él fue quizás el único que intuyó, con ese quejido atronador, que esa despedida no iba a ser una temporal, sino que podía ser un adiós para siempre.

Comenzando de nuevo

El día finalmente llegó y en Julio 22 de 2000, junto con mi esposa y mi hija viajamos a Canadá. Fue el final de una jornada y el comienzo de otra nueva.

Aunque todo había sido planeado, al mismo tiempo, todo era incertidumbre. Habíamos llegado a un país desconocido, con un lenguaje y unas tradiciones diferentes, no teníamos una casa preseleccionada para vivir, ninguno de nosotros tenía trabajo y mi hija no estaba matriculada en ningún colegio para estudiar. Éramos como un barco en medio del océano, con un horizonte sin límites y sin una dirección específica hacia la cual dirigirnos. El único compás era nuestro corazón, que oyendo a una voz interna simplemente nos decía "sigan para adelante, sigan para adelante, todo va a estar bien".

Para manejar la incertidumbre y la tensión que aquello conllevaba, resolvimos hacer el viaje como si fuera uno de vacaciones, de esta manera pensábamos que nos íbamos a sentir diferentes. Con este enfoque, hicimos lo que usualmente hace uno cuando sale a vacaciones:

compramos un tiquete de avión, hicimos una reserva de hotel, empacamos la ropa en unas maletas, llevamos alguna plata, la cámara de fotos y nos montamos al avión!.

El papeleo en el aeropuerto fue tal como lo esperábamos, con algunas preguntas de rigor, unos sellos por aquí y por allá en los documentos y en los pasaportes, y al cabo de una hora ya éramos oficialmente residentes de Canadá. Wilson, un amigo que había emigrado a Canadá hacía dos años y Pacho, quien recién había llegado una semana antes que nosotros, fueron a recibirnos al aeropuerto y nos llevaron a nuestro nuevo 'hogar': un hotel ubicado en Richmond Hill, diez minutos al norte de Toronto. Contar con Pacho y Wilson y sus familias, fue una bendición pues así no nos sentimos solos.

El Hotel fue nuestra tercera casa en un lapso de dos meses. Ya que parte de nuestras raíces y de nuestro país estaba representados en las pertenencias que teníamos, resolvimos llevarnos lo que más pudiéramos para Canadá. Fue una forma de conservar parte de Colombia y de los recuerdos con nosotros. Así pues, en Junio del 2000 empacamos todo en un contenedor y lo enviamos por barco a Canadá. Quedarnos sin ningún mueble en el apartamento nos forzó a buscar un sitio donde vivir temporalmente, por lo cual nos mudamos a la casa de mi cuñada Myriam. Allí, luego de su viaje a Estados Unidos, vivían sus hijas Juliana y Ana María. Esta fue nuestra segunda casa, donde permanecimos alrededor de un mes. Después de unos pocos minutos, ya en la habitación del hotel, tuve la sensación de estar en el limbo. Era evidente tener esta sensación cuando uno se da cuenta de que todo lo que tiene, así sea temporalmente, viene de unas maletas que están en el piso de una habitación de un hotel, en el cual no sabíamos cuánto tiempo íbamos a permanecer. A dios gracias, seguía oyendo esa voz interior que me decía “siga para adelante, siga para adelante...”.

La carrera para establecernos comenzó desde el día siguiente a nuestro arribo y nos fijamos dos prioridades iniciales: una era conseguir un carro y la otra, una casa para vivir.

Si bien llegamos como si estuviéramos de vacaciones, sabíamos que luego de una semana o dos íbamos a sentir la presión por establecernos definitivamente lo más pronto posible.

El asunto del carro fue rápido pues alquilamos uno, dejando la decisión de la compra para cuando tuviéramos un sitio permanente para vivir. Si hay un lugar donde tener un carro no es un lujo sino una necesidad, ese es el GTA (como le dicen al área de Toronto junto con sus ciudades vecinas). Nosotros veníamos de un lugar donde todo quedaba cerca o como solíamos decir: ‘en la esquina’. Aquí en el GTA todo, aún la esquina, queda lejos y con frecuencia bastante lejos.

En Bogotá vivíamos en un apartamento debido que allí nos sentíamos más seguros, aunque nos habría gustado más vivir en una casa. El apartamento contaba con seguridad privada las 24 horas del día y esto nos daba tranquilidad. Si bien esto era positivo y nuestro apartamento era muy cómodo, siempre tuve la sensación de que nuestra libertad, en términos de espacio, se había ido restringiendo por un miedo latente, que cada vez nos recluía a espacios y a fronteras más y más reducidas. Por esta razón, pensar en buscar una casa para vivir, en un barrio seguro, hacia las afueras de Toronto, abierta al exterior, sin cercas por ningún lado, parecía el sitio ideal para nosotros.

Pacho nos contactó con Mónica, una agente de finca raíz, que le había ayudado a él a conseguir su casa y quien muy rápidamente nos programó unas citas para ver casas la siguiente semana. Cuando miro en retrospectiva nuestra situación en esos momentos, me convenzo de que Mónica no fue una simple coincidencia en nuestra vida. Ella junto con otros, fue parte de ese grupo de personas, que en un principio no pudimos reconocer, como los 'ángeles' que Dios nos envió para guiarnos en ese proceso.

Cómo Mónica ya había tratado con diferentes familias colombianas, ella conocía qué tipo de barrios nos gustaba, cuáles requisitos debían cumplir y en general el tipo de viviendas que nos interesaban.

Ella es una mujer coreana, con una permanente sonrisa en su cara, una constante actitud positiva que contagia, de corta estatura, un gran corazón, una vitalidad increíble y con una incomparable eficiencia en su campo laboral. Había vivido en Argentina por más de diez años, por lo cual hablaba español perfectamente. No hubiéramos podido contar con una mejor persona para esta búsqueda. La relación fue muy buena desde el comienzo y su eficacia comprobada luego de que hallara, en tal solo la tercera cita de ese día, la casa donde viviríamos el primer año en Canadá.

La decisión de escoger esa casa fue tomada, de nuevo, con el corazón ya que no conocíamos el barrio donde estaba ubicada, ni teníamos referencia alguna de si esa área era buena en términos de transporte. Solo sentimos que era el sitio correcto. Unos días después, luego de firmar contrato, supimos que estaba muy bien ubicada, muy cercana a Yonge Street, la calle más central de Toronto, la más larga de Canadá y con excelente transporte. Además, se encontraba a la mitad de la distancia entre de dos importantes autopistas y a tan solo unos minutos de la estación del tren que conectaba a Richmond Hill con el centro de Toronto, en menos de 40 minutos. De nuevo, la mano de Dios se hacía presente en nuestra vida.

El inconveniente con la casa, fue que solo iba a estar disponible hasta Septiembre 3, lo cual significaba quedarnos en el hotel por cerca de 45 días y encontrar un lugar para almacenar nuestros muebles y enseres, los cuales debían llegar a mitad de Agosto. Sorpresivamente, en lugar de sentir impaciencia o miedo, comencé a sentir calma y en lugar de pensar en todas las cosas que todavía teníamos pendientes por hacer, comencé a disfrutar de cada logro que obteníamos. No era que me hubiera propuesto a hacer las cosas así, simplemente esa era la forma en que me sentía. Estaba siguiendo a mi corazón y por lo que veía todo se estaba dando bien y en el momento justo.

Tan solo unos días después de nuevo la mano de Dios se hizo presente. Pacho había arrendado una casa con cuatro habitaciones y muy generosamente nos ofreció compartirla con nosotros mientras nos entregaban la nuestra. De esta forma, la estadía en el hotel duró solamente diez días. Era Agosto 1 de 2000 y ésta había sido una gran noticia, aunque todavía nos quedaban otros procesos por seguir: comenzar a estudiar Inglés, conseguir un trabajo, inscribir a Catalina en el colegio, obtener la cobertura de salud y muchos otros. A Dios gracias, teníamos un lugar para vivir y por el momento parecía más que suficiente. Necesitábamos hacer las cosas paso a paso pues al fin y al cabo sencillamente estábamos comenzando de nuevo...

Estableciéndonos: la simplicidad

Lo único que teníamos cuando nos mudamos a la casa de Pacho eran cuatro maletas con ropa y algunas cosas básicas que habíamos traído de Colombia. El resto lo habíamos enviado, conjuntamente con Pacho, en un contenedor a Canadá. Al envío aún le faltaban cuatro semanas por llegar.

La casa era nueva y no estaba amoblada, así que cuando entramos pudimos escuchar el eco de nuestras voces. Aunque sabíamos que esta situación iba a ser temporal, el sentimiento de volver a comenzar prácticamente de cero era extraño, por decir lo menos. A Dios gracias, contábamos con muy buenos amigos, quienes comportándose como familia con nosotros, hacían que la transición fuera menos dura. Wilson nos prestó un par de colchones con sus bases; otros amigos nos dieron unas cobijas y nosotros compramos un cajonero plástico en Walmart, que actuaba como mesa de noche. Con todo esto arreglamos nuestra primera vivienda en Canadá:

una habitación de nueve metros cuadrados en el segundo piso de la casa de Pacho.

En esta casa, Pacho y Ángela, su esposa, ocuparían la alcoba principal; Diana, la hermana de Ángela y esposa de Alfredo (quien también había trabajado en IBM conmigo), ocuparían la alcoba justo en frente de la nuestra. Los hijos de ambas parejas (4), estarían en la cuarta habitación. En total, éramos 11 personas viviendo en esa casa.

Comenzar una nueva vida con amigos que conocía desde Colombia, fue una bendición. A Pacho lo conocí en 1987 en IBM. Para ese entonces él ya llevaba 9 años trabajando allí. Teníamos en común, que nuestros Papás habían trabajado para IBM y que sus hijas iban al mismo colegio en el que Catalina estudiaba. Ángela, al igual que Diana y Alfredo eran excelentes personas, la mejor compañía para compartir el inicio de nuestra vida en Canadá.

A pesar de las limitaciones y la incertidumbre de ese entonces, mis recuerdos de esos días están marcados irónicamente, por un sentimiento de simplicidad y logro. Teníamos pocas cosas pero vivíamos felices, pues nos teníamos los unos a los otros. Por supuesto que necesitábamos algunas cosas materiales básicas, pero viviendo lejos de nuestras familias, lo que requeríamos era ayuda, afecto, compañía y calidez humana; todo aquello que usualmente recibe uno de la familia. Por esto, no importaba que estuviéramos comiendo a diario en platos desechables o viendo televisión sentados sobre sillas plásticas inflables; o durmiendo en camas prestadas. Se trataba de ayudarnos los unos a los otros, en la aventura de vivir una vida nueva en un país muy lejos de lo que solíamos llamar 'hogar'.

Cariñosamente, cuando ahora nos reunimos a hablar de aquella época, nos referimos a ese tiempo como los días del 'inquilinato'. El 'inquilinato' nos sirvió a todos para darle la perspectiva apropiada a cada situación, a establecer las prioridades correctas y a concientizarnos de que en este proceso de comenzar de nuevo, había que prepararnos para los muchos los retos que todavía teníamos por delante. La estadía en el 'inquilinato' duró solo un mes, sin embargo sus recuerdos perdurarán para siempre en nuestras vidas.

De todas las anécdotas para referir de este período, hay una en particular que recuerdo, no solo por lo divertida, sino porque describe fielmente los primeros días de esa nueva vida, en la que casi todo lo tuvimos que aprender a hacer de nuevo. Hacia el final de nuestra estadía, teníamos que devolver todo lo que nos habían prestado y esto incluía, entre otras cosas, un colchón doble que le pertenecía a Wilson. Como era muy costoso contratar a alguien para que lo recogiera y lo llevara a donde Wilson, resolví encargarme yo mismo del asunto. Me dije: "uhm, esto es muy sencillo, pongo el colchón en el techo del carro, lo amarro con unas cuerdas, manejo cuidadosamente y listo!". Ángela me ayudó a poner el colchón en el techo del carro y a amarrarlo. Ella es Ingeniera Civil por lo que pensé que si era capaz de construir un edificio, amarrar el colchón al techo del carro, iba a ser un asunto absolutamente trivial. Apenas terminamos de ponerlo, le pregunté: "¿qué piensas, se ve estable?. Y ella respondió: "Sí, se ve bien".

Así pues, con el colchón encima del carro salí manejando cuidadosamente, revisando con cierta frecuencia con la mano izquierda, por la ventana del conductor, que el colchón estuviera todavía allí. Luego de unos diez minutos, miré por el espejo retrovisor y noté que los carros detrás mío se estaban distanciando cada vez más, lo cual me pareció extraño. Revisé la velocidad para ver si iba muy rápido, pero por el contrario, estaba manejando por debajo del límite de velocidad. Entonces se me ocurrió pensar que algo podía no estar bien con el colchón. Reduje la velocidad, saqué la cara por la ventana, miré hacia el techo del carro y oh sorpresa!: una parte del colchón estaba por fuera del techo y las cuerdas se habían aflojado. Era claro que el colchón estaba a punto de caerse. Inmediatamente me detuve en la berma para arreglarlo. Con la única herramienta que tenía, una navaja suiza pequeña, que siempre cargo en el bolsillo, me tomó casi una hora, bajo un intenso sol de verano, volver a asegurar el colchón al techo del carro.

Así eran nuestros primeros días en Canadá, experiencias con nuevas cosas que nunca habíamos hecho antes y un reaprendizaje de otras que ya sabíamos hacer, pero en una cultura diferente. Como el colchón en el techo del carro, esos eran días de muchos vaivenes. Estábamos aprendiendo como halar las cuerdas que nos definieran el camino en una jornada que recién comenzaba.

Conduciendo hacia la Autoestima

"¿Papi, cómo se pasa de primera a segunda?", "¿Papi, cuando se para el carro, cómo se usa el embrague?", "¿Papi, si el carro se arranca en primera qué pasa?", "Papi, cuando el carro va en una subida y tenemos que parar, qué se hace para que el carro no se ruede?", "¿Papi...?", "¿Papi...?", "¿Papi...?". Estas eran las preguntas que le solía hacer a mi papa cada vez que me subía al carro con él. Para mi era un sueño que algún día pudiera manejar su carro o en su defecto, cualquier otro.

Con el permiso de mi mamá y cuando apenas alcanzaba los pedales con los pies, mi primera experiencia de manejo fue sacar el carro del garaje y volverlo a entrar. Mi mamá siempre ha sido muy consentidora y alcahueta con nosotros, así que finalmente llegó el día en que ella accedió a dejarme manejar el carro por el barrio. Apenas tenía quince años, tres menos de la edad legalmente requerida para hacerlo. No hay que culpar por esto a mi mama, la verdad esa era una época muy diferente a la de hoy.

De esta forma, cuando llegué a Canadá, yo estaba muy orgulloso de ser un 'experimentado' conductor, con ventiún años de experiencia de manejo. Después de todo, yo pensaba que si manejaba en Bogotá, lo iba a poder hacer sin problema alguno en cualquier otra parte, así las normas de tráfico fueran diferentes. En Bogotá por ejemplo, luego de media noche yo no paraba en un semáforo en rojo por razones de seguridad. Allí es común que, sin aviso alguno, alguien cambie de carril, desde el que está más a la derecha hasta el que está al costado opuesto; o manejar por una cuadra en reversa, simplemente porque se pasó de la dirección a la que iba. Pegarse al carro de adelante es casi una obligación para evitar que alguien se meta delante de uno. El derecho a la vía en un pare, una intersección, un paso peatonal y a veces en los semáforos, está determinado por quien tenga el carro más grande. Cuando uno se aproxima a una intersección, independientemente de si hay una señal de pare o no, se reduce la velocidad y cuidadosamente se mira hacia ambos lados de la intersección, antes de pasar, pues puede ser que alguien con un carro más grande, que ha ignorado las señales de tráfico de la esquina, pase como si éstas no existieran y se lo lleve a uno por delante. Nosotros llamamos a esto 'manejo defensivo'.

La multiplicidad de distractores con los que tiene que lidiar un conductor en Bogotá, son inimaginables en otras latitudes: huecos por doquier, carros estacionados a lado y lado de la vía mirando en ambas direcciones; buses públicos que paran en cualquier momento y lugar; peatones que se le atraviesan a los carros; vendedores ambulantes apostados en cada semáforo; cinco carros ocupando tres calzadas; carros que pasan tan cerca que no sería difícil cambiar la emisora de sus radios tan solo extendiendo la mano desde la ventana; ciclistas pasando entre los carros; solo para mencionar algunos casos, pues la lista sería interminable. Debido a todo esto, yo creía que pertenecía a una clase élite de conductores, entre los mejores del mundo. Al menos eso era lo que pensaba antes de venir a Canadá.

Vale la pena añadir que Bogotá, la ciudad donde yo vivía, está inmersa en La Cordillera de Los Andes, por lo que muchas calles van hacia arriba y hacia abajo, como unas montañas rusas. No es por lo tanto extraño encontrarse en la situación donde yendo calle arriba, el semáforo cambia a rojo y el carro queda como suspendido en plena subida. La distancia entre carro y carro no pasa de veinte centímetros, el pie izquierdo está en el embrague (la mayoría de los carros no son automáticos), el pie derecho tiene una parte en el acelerador y la otra en el pedal del freno y con la mano derecha se tiene asido el freno de mano, para que el carro no se ruede. Entonces el semáforo cambia a verde e inmediatamente el conductor de atrás acciona la bocina de su carro para que uno se mueva, el carro de adelante se rueda un poco para atrás al tratar de arrancar y el taxi que está al costado izquierdo se cruza de carril de un lado al otro, por el frente del carro de uno; todo esto mientras con la mano derecha se suelta el freno de mano, el pie izquierdo libera el embrague y el derecho pisa el acelerador con rapidez y fuerza para que el carro no se descuelgue y salga hacia adelante. De por sí, la situación es tensionante y cuando llueve, que es frecuente en Bogotá, el reto es aún mayor!.

El primer paso para conseguir una licencia de conducción, en Canadá, es pasar un examen teórico que se llama G1. Pasar este examen no fue complicado. Compré el libro de las normas y señales de tránsito, lo estudié por una semana, presenté el examen y lo pasé con 100%. Pasar el examen práctico (el G2), fue una historia completamente diferente.

El primer reto fue encontrar una cita disponible. Aunque había muchos Centros en Ontario donde podía programarse el examen, había que hacerlo con mucha anticipación ya que en el verano los cupos se llenaban muy rápidamente. La presión era alta, pues mi licencia de conducción de Colombia, era válida en Canadá sólo por dos meses luego de mi llegada. En adición a esto, acabábamos de comprar una Van y todo queríamos menos tener que dejarla estacionada en el garaje hasta cuando obtuviéramos el pase canadiense.

Hice muchas llamadas en vano a diferentes Centros y la cita más temprana que me podían dar era para un par de meses después. Entonces Pacho, quien también tenía que sacar su licencia, averiguó que en algunos Centros aceptaban citas condicionales sujetas a un cupo que se habilitara a último momento. No teniendo otra opción nos aventuramos a ir al primero que nos diera esa oportunidad.

Al día siguiente nos levantamos a las 4 de la mañana y llegamos a la ciudad de Oshawa, al oriente de Toronto, hacia las 5 de la mañana. Éramos los primeros en la fila para citas condicionales y nos sentimos contentos por eso. El guardia que cuidaba la entrada pareciendo haber percibido nuestra alegría, se dirigió a nosotros y nos preguntó: "¿Están aquí para tomar el examen de manejo?". "Sí, no tenemos una cita, pero esperamos que se abra una oportunidad para hacerlo hoy", le contesté. "Noventa por ciento de quienes toman el examen por primera vez en Oshawa, lo pierden", replicó el guardia. "¿Si?, espero que ese no sea nuestro caso", le respondí.

Aunque no me sentía muy a gusto de presentar el examen en el carro de Pacho, pues no lo había manejado antes, estaba confiado que con la experiencia que tenía, este factor no iba a ser un problema, así que no le presté más atención.

Se presentó una cancelación y Pacho me cedió su turno. Mi examen no duró más de quince minutos. Yo cumplí todas las instrucciones que el inspector me indicó, así que cuando volvimos al parqueadero del Centro con el inspector, yo sentía que tenía la licencia en el bolsillo. Eso fue hasta que me fijé en la cara que tenía el inspector y me di cuenta que algo no estaba bien.

"¿Pasé?", le pregunté.

"¿Pasar?", me respondió sorprendido. "Usted cometió dos violaciones a la ley".

Hasta ese momento yo nunca había oído la frase "violación de la ley". Yo estaba como en shock. Luego en mi mente rápidamente repasé la ruta que habíamos seguido preguntándome, "bueno, ¿y a quién maté yo?", o "¿estrellé algún carro?", "¿le pasé por encima a alguien?", "¿me pasé un semáforo en rojo?", "¿qué fue lo que hice mal?". Inocentemente decidí preguntarle qué era lo que había hecho tan mal.

Su respuesta fue muy directa describiendo en dónde y cómo este experimentado conductor, sin darse cuenta, había infringido gravemente la ley. ¿Qué hice?. Me explicó que al voltear a la izquierda en una calle de cuatro carriles de una sola vía, en lugar de cruzar por el primer carril, lo había hecho por el tercero. Esto me lo había pedido hacer en dos calles que eran similares, por lo que el error lo había cometido dos veces. El asunto fue que en la zona donde vivíamos, no había calles de cuatro carriles de una sola vía, sino que dos eran de venida y dos eran de ida. Por esto me había confundido.

Realmente me sentí muy mal con este resultado. Yo no estaba acostumbrado a fallar y menos en algo en lo cual me consideraba que era muy bueno.

Tuve que esperar diez días antes de que pudiera encontrar una nueva cita para repetir el examen. La presión seguía creciendo, pues ya solo me quedaban 20 días de validez de la licencia colombiana.

La cita era en Burlington, una ciudad ubicada a una hora al sur occidente de Toronto, en la vía a las Cataratas del Niágara. Si continuaba a este paso, era factible que terminara conociendo todos los pueblitos de Ontario antes de tener el pase.

El día anterior al examen, viajamos con Margarita para familiarizarnos con la zona. Allí manejamos prácticamente por toda la ciudad, pasando repetidamente por las calles principales. Me sentí confiado de que todo iba a salir bien.

Llegué muy temprano, estacioné el carro y esperé por el inspector. Para mi sorpresa, no llegó solo uno sino que lo hicieron dos. Eran dos mujeres, una se sentó a mi lado y la otra atrás. Luego supe que la de atrás era una inspectora en entrenamiento.

Al cabo de diez minutos en el recorrido, mientras pensaba que todo iba bien, la inspectora que estaba atrás, en tono sarcástico me preguntó: "¿conoce usted lo que es 'el derecho a la vía'?". "Por supuesto que sí, le contesté", tratando de permanecer calmado. "Entonces póngalo en práctica y no disminuya la velocidad en cada esquina!", me dijo. Lo que ella no sabía, era que yo estaba manejando de acuerdo con los mejores estándares colombianos, 'a la defensiva' y por tratar de manejar cuidadosamente, estaba siendo castigado. El aprendizaje estaba resultando, por decir lo menos, doloroso.

El siguiente problema ocurrió a los pocos minutos cuando la otra inspectora me dijo: "voltee a la izquierda por la......blanca". Yo ni le oí ni le entendí bien. En adición a que ya tenían la impresión de que yo no sabía acerca de la norma del 'derecho a la vía', no quería que además pensaran que no entendía inglés. Desesperadamente con mis ojos comencé a buscar hacia adelante algo distintivo que fuera blanco y pudiera corresponder a la referencia que ella me había dado. Finalmente vi que casi una cuadra adelante había una flecha blanca de cruce en el suelo. Confiado en que esa era la referencia, dirigí el carro hacia allá. De repente oigo una orden de la inspectora diciendo "por aquí, por aquí!", señalando hacia una cerca blanca que había al costado izquierdo de la calle. La cerca estaba a muy corta distancia y había un carro aproximándose hacia nosotros por el otro costado de la calle. Para cumplir la orden que me había dado, y haciendo alarde de mis habilidades para conducir, pisé el acelerador y rápidamente crucé a la izquierda por donde me había dicho. Me sentí orgulloso de mi maniobra. Sin embargo, hasta ahí me llegó la dicha. Justo al voltear noté una señal de zona escolar con una señal que indicaba una velocidad máxima de 40 kilómetros por hora. Como había tenido que acelerar para cruzar y además la calle iba en bajada, mi velocímetro marcaba 50 kilómetros por hora. Ya era muy tarde para hacer algo, había infringido el límite de velocidad en una zona escolar.

Al regresar al estacionamiento del Centro la inspectora me entregó una hoja amarilla y me dijo: “perdió el examen”.

Yo me precio de ser una persona tranquila que pocas veces pierde la calma, pero ese día y en esas circunstancias no me pude contener y gesticulando fuertemente le dije a la inspectora que yo solo había seguido sus instrucciones y que no me parecía justo que por seguirlas fuera a perder el examen. Casi sin inmutarse su respuesta fue: “usted es el que está manejando, es el que debe estar en control y no debe manejar peligrosamente”. Dicho esto, ambas inspectoras se bajaron del carro.

Ahí estaba yo, 'El mejor conductor del mundo', perdiendo el examen de manejo en Canadá por segunda vez. Y para empeorar la situación había sido considerado como un conductor 'peligroso'!.

Ese día casi lloro y la auto estima se me bajó. Me preguntaba cómo era posible que luego de manejar por más de veintiún años en semejante caos en Bogotá, no pudiera obtener una licencia de conducción en Canadá. Igualmente, me preocupaba que tuviera que dejar la Van estacionada en el garaje indefinidamente hasta que pasara el examen.

Afortunadamente, la tristeza solo duró unos pocos días, algo dentro de mi cambió repentinamente. Yo creo que todas las oraciones hechas comenzaron a tener un efecto positivo. Sentí que Dios me estaba dando una lección de humildad como preparación a retos y cambios más grandes que estaban por venir. Me comencé a sentir más optimista y confiado respecto al siguiente examen. Decidí que en lugar de presentarlo en carro prestado o alquilado, como había sucedido las primeras dos veces, lo iba a hacer en mi propio carro, en la Van.

Finalmente el día llegó. Fue justo uno antes de que la licencia de conducción de Colombia expirara. Ese día, en su tercer intento, 'el mejor conductor del mundo', obtuvo no solo su licencia canadiense, sino más importante aún, recuperó su 'auto-estima'. A Dios gracias!.

"...y el invierno llegó"

La historia de esta aventura de emigrar a Canadá, no quedaría completa, si no incluyera un capítulo acerca del invierno. Para serles franco, yo sabía que Canadá era frío y que caía nieve, pero nunca me imaginé los extremos a los cuales tanto el frío como la cantidad de nieve podrían alcanzar en este país.

Tampoco imaginé que precisamente el primer invierno que viviríamos sería el más intenso de todos y el que más impacto nos dejaría.

Aunque la casa que alquilamos durante el primer año era pequeña y el garaje sólo tenía capacidad para un carro estacionado afuera, lo cual hacía pensar que la recogida de la nieve no tendría que ser significativa, justamente ese año se combinaron dos factores: nevó constantemente y la temperatura se mantuvo baja en todo el invierno. Esto ocasionó que la nieve que caía, y que Margarita y yo paleábamos en cada ocasión hacia los costados del garaje, no se derritiera, acumulándose a lado y lado del mismo, formando unas paredes de nieve que cada vez eran más y más altas. Para finales del invierno la altura de dichas paredes, que parecían más bien murallas, alcanzaron casi los dos metros de altura. Esto hacía la paleada de la nieve tremendamente demandante, pues en cada nevada teníamos que lanzar la nieve con la pala, para apilarla, cada vez más y más alto. El trabajo fue titánico, tanto que le produjo a Margarita un hernia inguinal, la cual requirió una intervención quirúrgica en el Shouldice Hospital. El primer invierno sencillamente fue brutal!.

Adaptarnos al tipo y a la cantidad de ropa que uno tenía que ponerse en el invierno, no fue un asunto sencillo. Hacia noviembre yo ya había conseguido trabajo de nuevo en IBM, pero como sólo teníamos un carro en ese entonces, me desplazaba en transporte público para llegar al trabajo y poder dejarle el único carro a Margarita y a Catalina. Era tal el frío y lo poco acostumbrado que estaba a él que me revestía de múltiples capas de ropa para poder soportarlo. Recuerdo que no solo usaba ropa interior de invierno, sino que encima de mis pantalones, me colocaba otros que en Canadá llaman 'snow pants', y que la gente utiliza usualmente para deslizarse sobre la nieve. Y debajo de ellos, en las rodillas, me colocaba unos cuellos de lana, que en mi caso los usaba para protegerme las rodillas del frío. Por supuesto, al llegar a la oficina, tenía que parar primero en el baño, quitarme la ropa de invierno y guardarla en un maletín que llevaba en adición al de mi computador. Esta rutina, se repetía todos los días del invierno.

Anécdotas de las vicisitudes del primer invierno y de los que vendrían darían para muchas páginas de este libro, pero en particular recuerdo estas tres.

La primera ocurrió un día en que todavía seducido por la novedad de la nieve y del paisaje de invierno, salí de la casa a fotografiarlo. Me dirigí a un área a unos 15 minutos al oriente de la casa, poco habitada y cercana a donde habíamos vivido el primer mes con Pacho y su familia. Yo creo que serían alrededor de las dos o tres de la tarde pues todavía se veía el sol en el occidente, cuando precisamente mirando hacia esa dirección, me llamó la atención la composición de los árboles con la nieve y el sol detrás de ellos. Resolví entonces detener el carro para tomar unas fotos. Lo hice con atención fijándome en un sitio donde la carretera parecía que se ampliara hacia la derecha de tal forma que no interfiriera con el poco tráfico que por allí pasaba. Ya estacionado, procedí a tomar la cámara que estaba en el asiento del copiloto cuando noté que la Van comenzó a inclinarse hacia el lado derecho como si se estuviera hundiendo. El susto fue muy grande!. Instintivamente regresé mi cuerpo lo más posible hacia el lado izquierdo tratando de compensar el peso, con la esperanza de que el carro dejara de hundirse del lado derecho. A Dios gracias, el carro paro de hundirse, pero yo calculo que se alcanzó a inclinar unos 30 grados. Tratando de calmarme y de tener cabeza fría, me dije a mi mismo: "bueno y ahora ¿qué hago?, ¿me quedo quieto o me intento bajar?, ¿qué tal que esto se siga inclinando y el carro termine por voltearse?". Estaba tan ensimismado con la situación que no noté que alguien se acercó por el lado izquierdo del carro y me golpeó en la ventana. Al fin me di cuenta, la bajé y la persona me dijo: "Lo siento mucho, usted es la tercera persona a la que le pasa esto hoy, ¿se le ofrece algo?". Me explicó que aunque la parte derecha de la carretera se veía negra y parecía parte de ella, en realidad era nieve que con la sal que se le echa para derretirla y el mugre de la carretera ocasionado por el transitar de los carros, se había vuelto negra haciéndola parecer una extensión de la misma, cuando en la realidad no había nada debajo de ella.

Le agradecí por su ofrecimiento pero le dije que ya iba a llamar a un amigo y al concesionario del carro para que me ayudara. Luego me comuniqué con Margarita y con el concesionario, de donde me enviaron grúa para que me remolcara. Antes que la grúa llegó nuestro amigo polaco Lesz, a quien Margarita había llamado para que nos ayudara. Con el cabo de los años, Lesz se convertiría en otro de nuestros ángeles guardianes, pues serían varias situaciones como ésta, en las cuales él nos habría de ayudar. Unos 40 minutos más tarde, llegó la grúa, haló la camioneta de la parte delantera y la sacó del hueco donde estaba. La primera sesión de fotografía invernal había concluido sin una sola foto!.

La segunda anécdota sucedió una noche durante el segundo invierno. Nos encontrábamos durmiendo cuando de repente la alarma de la casa se disparó y comenzó a sonar la sirena que indicaba que alguna de las dos puertas de la casa había sido abierta. Aunque nos habían dicho que Canadá era un país seguro, todavía nos pesaba el sentimiento de inseguridad que vivíamos en nuestro país de origen, así que sucumbimos al vendedor que vino a nuestra a casa a vendernos miedo y terminamos comprando una alarma contra robo. Con esa sensación de vulnerabilidad aún vigente, lo primero que pensé cuando oí la alarma era que alguien se había metido a la casa. Instintivamente, salté literalmente de la cama, corrí a la habitación de mi hija Catalina, en el segundo piso de la casa y que da al costado sur donde se encuentra la puerta principal. Rápidamente la alcé en mis brazos sacándola de la cama y la traje a la habitación de nosotros. Con la adrenalina al máximo, haciendo una demostración de fuerza que usualmente no tengo, tomé la cómoda con la ropa y la moví contra la puerta de entrada de la habitación, así si alguien trataba de entrar por lo menos tendría trancada la puerta. Una vez 'atrincherados' en la habitación, procedimos a llamar a la policía.

Obviamente en mis clases de inglés la lección “Se te metieron los ladrones a la casa, llama al 911”, jamás estuvo considerada. Así que el primer obstáculo, fue “¿y como digo en inglés que la alarma se disparó?”. Lo único que se me ocurrió decir fue “the alarm went on”. Los dos primeros minutos de la llamada pasaron tratando de explicarle a la señorita qué quería decir con esa expresión hasta que le dije “it is beeping!!” (En español: “está sonando”). “Ah, the alarm went off!!!”, contestó ella (es decir, “se disparó la alarma”). Para complicar la situación, uno no sabe si es por el miedo o porque de verdad está pasando, pero comenzamos a oir ruidos abajo, como si estuvieran arrastrando cosas en el primer piso. Para ese momento, ya nos habíamos pasado al baño de la alcoba pues allí había una segunda puerta para protegernos. La oficial que estaba al teléfono trataba de calmarnos y nos mantuvo todo el tiempo informados de que tan cercana estaba la patrulla que habían enviado. Esa noche justo hubo una tormenta de nieve y a la policía le tomó una eternidad llegar a la casa pues las calles tenían hielo: alrededor de cuarenta minutos. Finalmente la operadora nos dijo: “acaban de llegar a su casa, están revisando los alrededores, tranquilos”. Unos diez minutos después dijo: “ya van a entrar” y luego oímos que alguien desde abajo decía: “esta es la policía, pueden bajar”. Mi primera reacción, que no podía ser otra, viniendo del país donde vivíamos antes donde “todo podía ser posible”, fue preguntar: “¿y cómo sé que es la policía?”. La oficial en el teléfono me confirmó que efectivamente era la policía, así que con Margarita y Cata, luego de quitar el mueble que habíamos atravesado para bloquear la puerta, nos dispusimos a bajar lentamente, todavía sin creer del todo que la policía era la que estaba abajo. Ya en el primer piso, vimos a dos oficiales de la policía, una mujer y un hombre. Ellos nos explicaron que habían recorrido la casa por sus alrededores, que no habían visto huellas algunas y que si bien la puerta principal estaba abierta completamente, no tenía ninguna señal de haber sido forzada. Luego de descartar otras opciones, nos preguntaron: “¿es posible que ustedes no hayan cerrado bien la puerta anoche y que con el viento que está haciendo, se hubiera abierto?. Esto es muy común en Canadá”. Yo creo que ellos notaron que nuestras caras de asustados eran sinceras o si no la pregunta hubiera sido diferente.

Luego de comprobar que todo estaba en orden, la oficial al teléfono y los de la casa se despidieron cordialmente de nosotros y nosotros le agradecimos por sus servicios. Como dicen en Canadá, esto fue un 'eye opener' ('abrirnos los ojos´) y un choque cultural positivo. La historia de una puerta que se abre por el viento versus otra en la que los ladrones roban casas y asaltan personas, sólo era una señal de un camino que teníamos por recorrer y unas cargas emocionales por quitarnos.

La tercera anécdota para compartir, vino unos trece años después del segundo invierno. Para ese entonces, obviamente nuestro encanto por las nevadas y las paleadas, de un lado ya había terminado y por otro, aunque todavía me consideraba joven, el esfuerzo de quitar la nieve del garaje, cada vez me costaba más trabajo. Ese año, Margarita notando la dificultad que estaba teniendo para palear la nieve debido a la cantidad y a la frecuencia que había caído ese año, resolvió regalarme una máquina de recoger nieve ('snow thrower’). Eso fue como un sueño hecho realidad. Conseguir la máquina no fue fácil pues la demanda había sido muy alta ese año y no había inventario disponible ni siquiera en las ciudades de Estados Unidos aledañas a Toronto. Pacientemente esperé hasta que un viernes por la noche, me llamaron de la tienda Canadian Tire para decirme que les habían llegado varias máquinas y que me podían reservar una si la recogía al otro día a primera hora. Efectivamente el Sábado a las 8 am estaba yo orgulloso y feliz comprando una poderosa ‘snow thrower’ en Canadian Tire. Desde ese entonces, mi fiel compañera en las grandes paleadas es “Troila”. Así decidí llamarla haciendo un juego de palabras con la marca de la misma, TroyBilt, y el nombre de mujer “Zoila” en español, que en la jerga popular se ha asimilado con el de ‘todero’ (al que le toca hacer de todo. ‘Soy la’ que lavo, ‘Soy la’ que plancho, ‘Soy la’ que barro, etc, etc). Manejar a Troila, no fue fácil. Ella es una poderosa máquina con un motor de 2 tiempos, tracción delantera de 6 cambios y trasera de 3, es a gasolina y aceite y puede botar la nieve varios metros lejos en cualquier dirección. En la práctica, no es que me demore menos paleando sino que el esfuerzo de hacerlo es considerablemente menor. La demora está en la preparación de Troila para usarla. Como es a combustión, uso una ropa vieja que no importa que quede oliendo a gasolina, así que siempre tengo que cambiarme antes y después de usarla. Cada vez que la uso le tengo que adicionar gasolina y revisar que el aceite esté al nivel. Y de vez en cuando hay que revisar que la bujía esté buena para que pueda prender sin problema.

La primera vez que la utilicé fue toda una experiencia. Orgulloso de mi 'Troila' y de poder mostrarla, salí con ella del garaje, la prendí y arranqué a usarla. El primer problema fue que como estaba acostumbrado a usar la pala, intenté utilizar a Troila de la misma manera. Yo paleaba el garaje deslizando la nieve con la pala de un costado a otro del garaje, para apilarla sobre el pasto que allí había. Troila era tan poderosa, que cuando la utilizaba hacia el lado derecho, donde la porción de pasto con el vecino era más corta, la nieve se iba hasta su garaje. Adicionalmente, al hacerlo de costado a costado, no podía pasar del primer cambio, pues la distancia era muy corta.

El otro problema era hacer que girara cuando llegaba al final de un costado. Voltearla, con lo pesada que era, me costaba mucho trabajo. Luego de un rato descubrí que tenía una palanquita en cada manubrio y que si la dejaba oprimida, Troila giraba sobre sí misma para el lado que le indicara.

Luego intenté usarla diagonalmente para recorrer la mayor cantidad de distancia, pero esto no resultaba práctico para que la nieve cayera encima del pasto. Finalmente hice lo que debía haber hecho desde el comienzo: buscar en Google un video acerca de la mejor técnica de uso de estas máquinas. Allí aprendí que se debía utilizar a lo largo del garaje, primero de arriba para abajo y luego de abajo para arriba hasta recorrer el garaje de un costado a otro. Ese día, aunque me demoré el doble de tiempo, comparado con lo que me hubiera tomado hacerlo con la pala, finalmente aprendí a usarla!

Hoy la aprecio mucho. Troila es una maravilla que me permite ver el invierno de otra manera. Cada vez que tengo que usarla, en vez de decir: “voy a palear la nieve”, digo: “me voy de paseo con Troila!”. No sobra decir hoy en día, que Troila es la envidia de la cuadra!

“Aprendiendo nuevos deportes....por la vía dolorosa”

Acomodarse al invierno no solo implica, como he dicho en los capítulos anteriores, revestirse de capas de ropa que lo protejan del frío o mirar cómo quitar la nieve que cae, sino también buscar como divertirse en esta época en la que la oscuridad y la baja temperatura pueden consumir aún a la persona más motivada.

A este respecto, una forma de hacerlo es practicar alguno de los deportes de invierno. Para quienes vienen de países en los cuales también hay estaciones, el asunto es más fácil, pero para los que venimos del trópico y no tenemos esa experiencia, aprenderlo ya entrados en los 40s o 50s es una tarea que puede ser titánica (Y recuerden que el Titanic se hundió!).

Con esta disposición de ánimo, Margarita, Catalina y yo aceptamos la invitación que un amigo nos hiciera a esquiar en la nieve.

“Qué novedad!”, dijimos nosotros. “Vamos a aprender a esquiar como los canadienses”. Otra opción habría sido aprender a jugar hockey, que es el deporte pasión en Canadá, pero mi habilidad para patinar nunca fue la mejor, así que ni siquiera la consideré. Por eso tampoco intenté el patinaje en el hielo. Margarita también lo descartó por las caídas y el riesgo que significaba para sus manos, cuando su trabajo como Intérprete de Lengua de Señas Americana, dependía de ellas.

De esta forma, llegamos al sitio de esquiar y luego de alquilar un par de botas, con las cuales me sentía caminando como un astronauta, y un par de esquíes y bastones, nos dispusimos a recibir nuestra primera lección al respecto. La lección tomó una media hora, en una colina pequeña. Luego de la media hora, como era de esperarse, mi hija motivada por las hijas de mi amigo, se subió al lift (la silla que lo lleva a uno hasta la cima de cada pista), se lanzó en la primera pista que encontró y comenzó a esquiar con una naturalidad como si lo hubiera hecho muchas veces antes. Esto nos sirvió de motivación a

Margarita y a mi para decidirnos a lanzarnos por una de las pistas anexas.

Llegado el momento, la única opción era saltar y comenzar a descender por la pista. Recuerdo el salto, pero de ahí para adelante lo único que recuerdo es sentirme en el aire y después dando tumbos cuesta abajo y vueltas y vueltas sin control alguno, hasta que finalmente paré. Luego de revisarme por todos lados y haber agradecido a Dios de que todavía estuviera vivo y sin ningún miembro fracturado, con mucha dificultad me pude quitar las botas y me paré. Me encontraba como a la mitad de la cima y consciente de que si lo intentaba de nuevo, con seguridad me mataría, resolví bajar caminando cargando los esquíes uno en cada mano. Al cabo de un tiempo, noté que alguien venía también caminando detrás mío. Volteé a mirar y oh sorpresa, era Margarita quien luego de haber sido testigo de mi aparatosa caída, había resuelto quitarse los esquíes y bajar caminando. De esta manera, nuestra primera experiencia con el esquí había concluido. Sería la última de Margarita y una premonición de lo que sería la siguiente para mí.

Después de esa experiencia, yo decidí que no valía la pena volver a esquiar pues el riesgo de un accidente era muy alto para mí. Sin embargo, años después conversando con nuestro amigo argentino, Fernando Paz, quien practicaba el deporte desde hacía muchos años, me convenció de volverlo a intentar aduciendo que muy probablemente el entrenamiento la vez anterior no había sido el adecuado, que lo hiciera paso a paso hasta que lo aprendiera bien, y que él me ayudaría. Con esas razones accedí a ir.

Ya en el sitio, Fernando me dio las indicaciones sobre cómo deslizarme y muy importante, cómo parar haciendo un movimiento con los pies al que la llamaban “la pizza”, pues los pies quedaban formando una figura como la de una rebanada de pizza hasta que uno paraba. Llegó el momento de la verdad, ir a la cima e intentar esquiar de nuevo. En este sito, no tenían unas sillas como en el de la primera vez. En su lugar, se subía a la cima asidos de una barra metálica horizontal que unida a una polea se desplazaba cuesta arriba. La distancia de las barras y por ende de las personas entre sí, era de unos dos metros a lo máximo. Me agarré de la barra y comencé a subir halado por la polea. Yo no podía ver quienes iban atrás, pero si quienes iban adelante mío. En la medida en que iba subiendo noté que me iba inclinando hacia un lado, perdiendo poco a poco el equilibrio. Traté de hacer todo lo posible por no caerme, pero mis esfuerzos fueron vano, a tres cuartas partes de la cima me caí y por ende conmigo varias de las personas que venían detrás mío, que se tropezaron con mi cuerpo en el piso. Además de la pena que me dio por caerme, tuvieron que parar la polea para evitar que se siguiera cayendo más gente como si fueran fichas de dominó.

El asunto no terminó allí. Con la ayuda de otras personas llegué finalmente a la cima y allí no había más alternativa que dar media vuelta y lanzarme cuesta abajo. Comencé a deslizarme, pero como no tenía buen control de los esquíes, en lugar de bajar paralelo a todos los demás en la misma dirección de la pista, noté que estaba bajando en diagonal y con una aceleración mayor cada vez. La angustia comenzó a invadirme, me preocupaba no solo que me estrellara con los que iban bajando en la dirección correcta de la pista, sino que a ese paso ¿con qué y contra qué iba a parar?. Yo creo que la cara de angustia se me notaba, pues yo ya me imaginaba incrustado en los pinos, que cada vez se veían mas cerca, cuando oí que me gritaban, "haz la pizza, haz la pizza!!!". Era Fernando tratando de parar ese 'cohete' que bajaba raudamente. Finalmente, 'hice la pizza', los esquíes pararon, no me estrellé ni con los pinos ni con nadie y mi carrera de esquiador llegó a su fin.

Recordé entonces un refrán colombiano que dice "loro viejo no aprende a hablar" y un consejo de mi papá que alguna vez me dijo: "después de cierta edad, evite los deportes de contacto", para excusa mía, el nunca mencionó esquiar!

“Todero”

Nuestra primera casa fue en arriendo, en lugar de una propia. De una parte, no conocíamos bien ningún área de la ciudad y por otra queríamos esperar a tener cierta estabilidad, especialmente laboral, para tomar una decisión de esa naturaleza. Cuando llegó el momento de renovar el arriendo, al final del primer año, consideramos las opciones, las circunstancias del momento y resolvimos comprar vivienda.

Buscamos en la misma zona y finalmente Margarita halló un proyecto en el cual nos gustó mucho la casa modelo. Aunque estaba un poco por encima de nuestro presupuesto, la casa cumplía con todas nuestras expectativas. El proceso de construcción de la casa fue para nosotros toda una novedad ya que en Colombia las casas son de cemento, ladrillo y concreto, mientras que acá en Canadá, aparte de los cimientos, el resto es solo madera. Casi todas las semanas íbamos a ver como se iba transformando poco a poco y ‘palito a palito’ hasta que nos la entregaron a finales de septiembre del 2001. El día de la entrega, el inspector de la constructora nos hizo un inventario de todo lo que nos estaba entregando y nosotros fuimos marcando uno a uno los defectos que íbamos encontrando. Cuando le preguntamos por qué tenía tantas cosas para arreglarle, su respuesta fue: "esta es una casa en serie, si quieren algo mejor, compren una casa hecha a la medida" ('custom house'). Ese día nos dimos cuenta de que una cosa era tener una casa habitable y otra diferente era tener una casa completamente terminada.

La lista de asuntos por terminar era bien larga: el garaje estaba todavía con gravilla, sin pavimentar; las escaleras y el porche de la entrada eran de cemento sin ningún acabado; el garaje por dentro no estaba pintado; las dos puertas del garaje eran bien pesadas y se abrían manualmente, por lo cual se requería instalarle un motor eléctrico a cada uno; la casa venía sin electrodomésticos, así que había que instalarlos y los closets aunque tenían un rodillo sencillo para colgar la ropa, no tenían muebles para guardarla.

Con todos estos arreglos por hacer se necesita alguien con habilidades para esto y definitivamente ese no era yo. La mano de obra en Colombia es muy barata, así que yo nunca había tenido la necesidad de hacer ningún arreglo en la casa por mi cuenta, todo lo contrataba. Las únicas herramientas que había utilizado era un destornillador, unos alicates y un martillo. A esto se reducía mi experiencia como "handyman" ("todero"). Justo antes de venir a Canadá, mi concuñado Franky, quien es Ingeniero Mecánico, me asesoró para adquirir mi primera caja de herramientas. Él sabía lo que me esperaba en Canadá, pero yo no nunca me imaginé que las circunstancias en este país me forzarían a adquirir algunas habilidades a este respecto.

Obviamente la primera opción fue hacer lo mismo que en Colombia, es decir, contratar los servicios para hacer los arreglos. Pero cuando comenzamos a recibir las cotizaciones de los mismos y nos comenzamos a dar cuenta de que, como decimos en Colombia, "el collar iba a salir más caro que el perro!", resolvimos arreglar lo que más pudiéramos por cuenta propia.

El primer proyecto fue pintar las paredes y el techo del garaje. Esto me tomó un tiempo hacerlo mientras aprendía qué tipo de pintura, brochas y rodillos, debía usar, cuántas manos debía darle, qué tipo de escalera iba a necesitar etc. Completada la pintura del garaje, la siguiente tarea fue instalar los motores de las puertas del garaje. Para el primer motor, afortunadamente conté con la guía de mi amigo polaco Lesz (electricista de profesión), quien prácticamente me llevó paso a paso en el proceso de su montaje: asegurarlo a la puerta, colgarlo del techo del garaje con un soporte metálico, que él mismo hizo, ponerlo en funcionamiento y calibrarlo. Sin su guía yo no hubiera sido capaz de haberlo instalado solo. Para el segundo motor, ya me di mañas y luego de varias horas de esfuerzo, logré orgullosamente instalarlo por mi propia cuenta. Hoy después de dieciocho años, ambos motores todavía están funcionando.

El otro proyecto, que lo hicimos conjuntamente con Margarita, fue la instalación de las baldosas del porche de entrada. En Colombia, esta tarea la hace típicamente un albañil. Sin embargo, luego de recibir una cotización de

800 dólares por la mano de obra, más cara de lo que nos habían costado las baldosas, resolvimos que no era tan tarde para comenzar nuestra profesión de albañilería. Así pues, allí estábamos los dos preparando cemento para pegarlas, mezclando la masa para rellenar las uniones, usando un nivelador para que quedaran parejas y utilizando una pita (como los albañiles colombianos), para mantener alineadas las baldosas que íbamos colocando. Lo único que no pudimos hacer fue recortarlas. Luego de romper varias de ellas con una cortadora que habíamos alquilado para tal fin, terminamos yendo a Home Depot a que nos las cortaran por la módica suma de un dólar por baldosa. Hoy dieciocho años después, al igual que los motores del garaje, las baldosas siguen en su sitio, no se han movido y nosotros seguimos orgullosos de semejante obra!.

Claro que no todo fue color de rosa. El siguiente proyecto fue hacer los closets de la ropa para cada cuarto. Luego de numerosos bosquejos de diseños, horas de estudio de catálogos, materiales y detalles al respecto, nos fuimos con Margarita a Home Depot para comprar los materiales.

No sé si a ustedes les pasa lo mismo en un almacén de este estilo, pero en mi caso, cada vez que iba a Home Depot a comprar así fuera un tornillo, llegaba al corredor correspondiente y el proceso de escoger el tornillo adecuado, entre todas las opciones que se ven en los estantes, era por decirlo de alguna forma, abrumador. Me tomaba mucho tiempo hacerlo, más aún cuando yo no tenía ninguna experiencia al respecto. Así que fuimos recorriendo corredor por corredor, estante por estante, para seleccionar los paneles de cada mueble, el tipo de madera, los tornillos etc. Al final, luego de varias horas y cuando ya teníamos todo aparentemente listo, resolvimos llamar a un empleado de Home Depot para que revisara lo que habíamos escogido y nos dijera si algo faltaba. Lo primero que nos preguntó fue: "¿y piensan anclar los muebles a la pared para que no se caigan con el peso?". A estas alturas, nos dimos cuenta de que no teníamos ni idea de lo que estábamos haciendo, por lo que dejamos los carritos con todo lo que teníamos, salimos de Home Depot sin comprar nada y resolvimos contratar la hechura de los closets. Finalmente quien hizo los closets fue 'Don

Benito', el Papá de Angela, la señora que nos arrendó la casa el primer año. A él le habíamos encomendado también hacer un deck en madera, que conectaba el primer piso de la casa con el patio trasero.

Con el tiempo fui aprendiendo a hacer más arreglos, mi caja de herramientas se fue sofisticando y agrandando, hasta que tuve que comprar otra para que me cupieran todas las herramientas. Las áreas de trabajo se fueron extendiendo de la pintura, al lijado, la jardinería, la plomería y a algo de carpintería.

Serían muchas las historias para contar respecto a este "todero" en Canadá, pero les quiero compartir, para terminar este capítulo, una de carpintería. Esta historia tiene nombre propio, se llama: "la mesa de San José".

Como preparación a la vida laboral, es común en Canadá que los niños comiencen a hacer trabajos menores donde puedan ganar algo de dinero. Uno de ellos muy típico, es el de repartir el periódico local del barrio. Mi hija Catalina, estando en primaria, aplicó a dicho trabajo y le asignaron unas cuántas casas cercanas a donde vivíamos. El proceso implicaba recibir una cantidad de periódicos equivalente al número de casas asignadas, así como la respectiva propaganda ('flyers'); armar un paquete por cada casa el cual que contuviera un periódico, todos los flyers correspondientes y al final entregar ese paquete en cada casa los jueves por la noche.

El sitio que escogió Catalina para hacer esta labor fue el sótano de la casa. Allí en el piso ella armaba los paquetes y nosotros le ayudábamos a distribuirlos la noche del jueves. Me dio pesar ver la incomodidad con la que trabajaba en el piso, así que resolví conseguirle un mesa grande donde pudiera trabajar más cómodamente. Margarita sugirió que le comprara una mesa plegable en Walmart, pero yo de papá orgulloso y creyéndome todo un carpintero, resolví construírsela yo mismo. Después de todo, ¿qué problema podía tener hacer una mesa?: una tabla, cuatro patas, unos tornillos y ya!

Con todos los arreglos que se habían hecho en la casa, los materiales que se necesitan para hacer la mesa estaban ya disponibles. Solo me faltaban unos tornillos, que por supuesto compré en Home Depot!.

Para la parte superior utilicé una tabla de madera triplex que había sobrado de la construcción, pero el problema es que era muy grande y había que cortarla. Como no tenía un serrucho, llamé a Lesz y le pedí que me prestara uno. El serrucho que me prestó resultó ser una sierra circular eléctrica profesional, la cual él me advirtió que usara con mucho cuidado. El tamaño del triplex era muy grande y para no ensuciar el sótano, decidí cortarlo en el garaje. Ya con la sierra en la mano y el triplex en el garaje, la pregunta fue "¿bueno y ahora sobre qué monto esto para cortarlo?". A este genio de carpintero, como no tenía una mesa de trabajo, se le ocurrió montar el triplex sobre unos ladrillos. Dispuse varios ladrillos formando un rectángulo y allí monté el triplex. Luego tracé unas líneas por donde debía contarlo, tomé la sierra, la conecté, la apoyé sobre la madera, la accioné y ...ahí fue Troya! La sierra en lugar de seguir un trazo recto por la línea que había marcado, se desplazó hacia la izquierda y luego hacia la derecha, formado como una 's'. La tabla se partió en dos y tumbó los ladrillos sobre los que estaba apoyada. Obviamente esto causó un estruendo muy grande, se levantó una polvareda en el garaje tremenda y cuando Margarita corrió a la puerta que comunica la casa con el garaje y la abrió para ver de qué se trataba todo ese ruido, me vió a mi en medio del polvero, y me preguntó afanada: "¿qué pasó?". Yo como si hubiera estado haciendo una travesura de niño, solo atiné a contestar: "nada, todo bien", mientras movía el brazo hacia atrás tratando de esconder la sierra que tenía en mi mano.

Mi experiencia con la sierra circular llegó hasta allí. Consciente del peligro de usarla terminé comprando una tabla para ponerle a la mesa encima.

Ahora sí era la hora de comenzar la mesa. Sin percatarme de ello, la madera que tenía a disposición para las patas era la que había quedado de la construcción de la casa: unas vigas de los marcos de las paredes, las cuales eran de una madera muy dura. Cortarlas con un serrucho manual, fue una tarea titánica y atornillar las partes entre sí lo fue aún más. Varias brocas de mi taladro se rompieron.

Después de unos dos o tres días de arduo trabajo, la mesa quedó lista para mostrársela a Catalina y a Margarita. La primera en verla fue Margarita y lo único que dijo fue: "está 'choneta' y las patas no están paralelas...". Yo creo que lo dijo por pura envidia!. Mi mesa era un mesa única, sólida y lista para que Catalina la utilizara.

Con el tiempo, la mesa acuñó el nombre de "mesa de San José". Creo que fue Margarita quien sarcásticamente le puso ese nombre, aduciendo claramente a la "maravilla" de papá y especialmente de carpintero que era yo. Lo cierto es que esa mesa quedó tan grande, tan sólida y tan pesada que el día en que la casa se venda, allí se quedará en el sótano pues no hay poder humano que la pueda sacar de ahí!

“Historias acampando”

Yo soy un enamorado de la naturaleza y en Colombia me hubiera gustado mucho haber disfrutado de ella más, sin embargo las condiciones de seguridad hacían que el aventurarse a hacer paseos ecológicos, caminatas por el campo o simplemente acampar, resultara muy riesgoso.

Venir a Canadá, por lo tanto, brindaba esa oportunidad de disfrutar de una vasta naturaleza con la cual este país había sido bendecido. Y una de esas posibilidades era la de acampar.

Ahora, una cosa es tener el deseo de hacerlo y otra estar preparado. La primera oportunidad se dio con nuestros amigos polacos Lesz y Kasia. Podría decirse que ellos eran campistas profesionales, pues hasta lo hacían en invierno, lo cual a mi me parecía una locura. Ellos conocían un área al noroeste de nuestra casa, a unas cuatro horas, a un costado del Parque Algonquin donde se había dado el primer asentamiento polaco en Canadá. Allí quedaba el

Parque Provincial Bonnechere, al cual habían ido en varias ocasiones.

Como preparación al viaje ellos nos sugirieron que lleváramos una carpa, unas cobijas, linternas, lo que quisiéramos de comer y unas salchichas para asar en las fogatas nocturnas. Nos prestaron una carpa, conseguimos los elementos que nos dijeron, empacamos todo en la van y nos fuimos para Bonnechere. Era el inicio de Julio. El parque resultó una hermosura. Cada sitio para acampar estaba rodeado de árboles, lo que le daba cierta privacidad; el olor de los pinos, los caminos angostos tupidos de plantas y el encanto de contar con el Round Lake y El Río Bonnechere, lo hacían único. No se podía pedir por un mejor sitio para acampar.

Antes de que llegara la noche armamos la carpa, inflamos el colchón que habíamos llevado y alistamos un par de cobijas livianas que habíamos traído. Es verano, pensamos, así que debe hacer calor por la noche. Llegó la hora de la fogata y Kasia y Lesz nos solicitaron que trajéramos las salchichas para asarlas. Cuando las trajimos, ellos no podían parar de reírse. Cada uno de ellos tenía un pincho metálico con dos puntas en las cuales había ensartada una gigantesca salchicha polaca y las que nosotros llevábamos eran unas delgadas y cortas, cuyo grosor no era mucho mayor que el de las puntas del pincho metálico. Nuestra experiencia de campistas comenzó a saltar a la vista.

Después de un agradable rato en la fogata, resolvimos irnos a dormir. Ya dentro de la carpa, y lejos de la fogata, notamos que la noche estaba bien fría, alrededor de cinco grados centígrados!. ¿dónde está la noche calurosa de verano?, nos preguntamos. También notamos que la elección de las cobijas que habíamos llevado no era la apropiada para el frío que estaba haciendo. Ni ganas nos dieron de ponernos la pijama con ese frío tan espantoso, así que nos acostamos vestidos con las 'super cobijas' encima del colchón inflable y nos dispusimos a dormir. A pesar del frío, rendidos por el cansancio nos dormimos finalmente. De pronto en medio de la noche, Margarita se despierta y me dice "Cami, este colchón se está desinflando, siento que se está bajando cada vez más, vamos a terminar en el piso!". En medio de una oscuridad total, tomé la linterna y me puse a esa hora a buscar por donde se estaba escapando el aire. Luego de un rato encontré el hueco, pero a esa hora y en ese sitio encontrar algo con que taparlo era complicado. "Una cura!", pensé yo. "Estás loco", me dijo Margarita. "¿tienes una idea, mejor?", le dije yo. Fui hasta el carro y a Dios gracias en el botiquín de primeros auxilios, había un par de curas. De nuevo en la carpa, le pusimos el par de curas, inflamos el colchón y a dormir de nuevo. Fue increíble, pero las curas aguantaron. Habíamos sobrevivido a nuestra primera noche de camping en Canadá!.

Con el tiempo mejoramos nuestras habilidades y el equipo de camping, hasta hacerlo uno bien completo con bolsas de dormir térmicas para resistir hasta -10C, colchones autoinflables y aislantes, estufa a gas, tostadora, lámparas a gas y eléctricas, cobertor de la carpa para las noches lluviosas, etc. Con la experiencia y el equipo apropiado nos sentimos listos para aventuramos a salir solos a acampar sin la ayuda de nuestros amigos polacos. Ya con todo esto ¿qué podría salir mal?

El momento de la verdad llegó y nos fuimos a acampar con Margarita a un Parque Provincial (Pinery Park), ubicado en la costa oeste de Ontario, sobre el Lago Hurón. La costa bordeada de dunas, la vegetación, el tamaño del lago y sus atardeceres, lo hacía un sitio especial para acampar. El sitio resultó muy bueno, con privacidad, conexión eléctrica y múltiples árboles alrededor. Allí no solo podría colgar la hamaca que habíamos llevado, sino también amarrar el cobertor de 10 metros de ancho por 15 metros de largo que protegería tanto la carpa como la zona que utilizaríamos para cocinar y comer, en caso de que lloviera mucho.

Colocar todo nos tomó unas dos a tres horas. Esto se justificaba pues íbamos a estar tres días allí y nos daba tranquilidad. Después de esto fuimos un rato a la playa, disfrutamos del sol y el atardecer, regresamos e hicimos una fogata, comimos y ya con el cansancio del día nos fuimos a dormir. Todo auguraba un camping placentero tal y como lo habíamos planeado. O por lo menos eso creía yo.

De pronto, en medio de la noche y mientras dormía profundamente, me despierta Margarita diciéndome: “Cami, Cami!, mira, mira hay luces afuera y oigo ruidos alrededor de la carpa. Hay algo afuera de la carpa.”.

Yo le dije, “tranquila, aquí no pasa nada, estamos en Canadá”. “No Cami, que tal que sea un oso u otros animales. Cami, tengo miedo. Nos tenemos que ir de acá!”. “Que qué!, ¿irnos de acá?, a esta hora, ¿para dónde?. No, tranquilízate. Quizás son mapaches buscando comida, ellos se van rápido”. ”Cami, yo no me quedo acá. Si quieres tú te quedas, pero yo me voy”. Y diciendo esto se levantó, abrió la cremallera de la carpa y se fue para el carro. “¿Y ahora qué hago?”, me dije a mi mismo. “Ni modos, me tengo que ir con ella también”.

Serían las 2 am aproximadamente cuando salimos en el carro del campamento, dejando todo allí: carpa, cobertor, mesa, comida, etc. “¿Y a dónde quieres ir ahora?”, le pregunté. “Busquemos un hotel”, me contestó. En un fin de semana largo y en una zona muy turística, la probabilidad de encontrar una habitación disponible era muy baja. Fuimos a varios hoteles cerca y en ninguno había disponibilidad, así que después de más de una hora de infructuosa búsqueda llegamos a un Tim Hortons, pedimos una bebida caliente, fuimos al baño, nos devolvimos al carro que estaba en el parqueadero, nos acomodamos lo mejor que pudimos y nos dispusimos a pasar el resto de la noche allí adentro, en esa 'carpa de metal'.

Ese día nuestras aventuras de campistas llegaron a su fin! Hoy en día seguimos haciendo expediciones con Margarita a diferentes sitios, para disfrutar la maravilla de naturaleza que tiene este país, pero en 'carpas' más sofisticadas a las que llaman 'Hoteles'!

“Pow Wow”

Definitivamente uno de los factores que hizo más viable la adaptación a la vida en este nuevo país, fue el multiculturalismo de Canadá. Alguna idea tenía del mismo antes de emigrar, pero la realidad que me encontré superó la expectativa al respecto. En Colombia teníamos una diversidad étnica claramente identificable por regiones, pero la mayoría veníamos de generaciones de colombianos que había habitado el país por cientos de años. Por eso a la pregunta que nos hacían cada vez que nos presentábamos “¿y cuál es su ‘background’ (procedencia)?”, a lo cual aquí alguien puede responder: “soy 25 por ciento inglés, 25 por ciento francés y 50 por ciento escocés”, por dar un ejemplo, en Colombia no tendría sentido. La gran mayoría respondería que es 100 por ciento colombiano, al menos hasta unas 4 o 5 generaciones atrás. Esta diversidad hizo que no nos sintiéramos diferentes, si no por el contrario bien recibidos y de entrada incorporados a la misma.

Recuerdo que Catalina cuando le preguntaban, al comienzo en el Colegio que de dónde era, ella respondía que de Colombia. A lo cual le volvían a preguntar "¿Ah, de British Columbia?", fueron tantas las veces que le sucedió esto que terminó diciendo "Sí, de British Columbia!".

Otra pregunta usual era, ah usted es de Colombia, entonces "¿habla mexicano?". Era como de si de Estados Unidos hacia el Sur, todos los latinos fuéramos iguales o en otras palabras, Mexicanos.

La persona que nos arrendó la casa durante el primer año era Italiana; el vendedor del concesionario con que hicimos el alquiler del primer carro que tuvimos, era de Rusia; Mónica, la agente de finca raíz que nos ayudó a conseguir vivienda, era de Corea pero había vivido en Argentina; las mejores amigas de Margarita en las clases de inglés, eran de Polonia (Kasia) y de Irán (Ellie), ésta última con nacionalidad Alemana; mis vecinos hacia el oriente eran de Jamaica, al occidente de Ucrania, al sur de China y al norte de Inglaterra.

Las anécdotas que tendría para contar al respecto de esta multiculturalidad serían muchas, pero la que considero más representativa y con la cual puedo decir que oficialmente me incorporé a esta multiculturalidad sucedió durante la visita en el año 2007, de nuestros sobrinos Juan David y Natalia.

Juan David y Natalia habían nacido en el mismo año que Catalina, crecieron juntos hasta los ocho años (antes de iniciar esta aventura) y más allá de primos se puede decir que son hermanos de corazón. Con esto presente, es fácil entender que la dicha de que nos visitaran era enorme. Queríamos entonces que ellos conocieran y vieran todo lo que nosotros estábamos viviendo y que apreciábamos del nuevo país. Buscando actividades por hacer con ellos, nos enteramos que en el Rogers Center, por ese entonces llamado "Skydome" (el primer estadio deportivo del mundo con un techo completamente retráctil y para nosotros toda una novedad, pues en Colombia no teníamos ninguno así), estaba programado por esas fechas, un Pow Wow.

El Pow Wow era una reunión de comunidades indígenas, que en este caso en particular, iba a ser de varias de las de Norteamérica. Con toda seguridad iba a ser un evento único para ellos.

Efectivamente el evento resultó ser mejor de lo esperado. Al comienzo, visitamos la parte central del estadio, donde había una exhibición de artículos, enseres, artesanías y elementos que representaban a dichas comunidades. Entre muchas cosas, fue interesante escuchar directamente de varios de sus integrantes, cómo fabricaban los artículos que allí se exhibían y cuál era el significado de la simbología que se apreciaba en ellos. Estando en la exhibición nos enteramos que la parte más vistosa del Pow Wow era la gran entrada o desfile, el cual se hacía con la participación de todas las comunidades. Con esta noticia, resolvimos subir a las tribunas para ubicarnos en un sitio donde la pudiéramos observar. Lo que vino fue sencillamente espectacular. Un mar de personas, no solo por la cantidad sino por el colorido de su vestuario, ingresó al estadio por el costado derecho de donde estábamos y comenzó a desfilar hacia el lado izquierdo, en medio de los cantos (que parecían más que otra cosa, lamentos), las danzas y en general el movimiento al ritmo de los tambores. El desfile se detuvo prácticamente en frente de la tribuna donde nos encontrábamos y allí formaron un círculo, en el cual danzaban alrededor de él, al ritmo de la música. Yo estaba encantado con el desfile y podía ver que Juan David y Natalia también lo estaban disfrutando. En un momento dado, el líder del desfile hace un anuncio e invita a quienes quieran del público en las tribunas, a bajar para unirse a la danza con ellos. Yo miré a Catalina y a mis sobrinos y les pregunté: "¿quieren bajar y unirse a la danza?". Ellos se rieron como si mi pregunta no hubiera sido en serio y me contestaron: "nooooo, estás loco!. Cómo se te ocurre bajar allá!". Yo estaba tan impresionado por el desfile y la atmósfera de los tambores, las danzas y los cantos me parecieron tan atrayentes, que me dije a mi mismo "esta oportunidad no la quiero perder y es posible que nunca más se vuelva a presentar". Para incredulidad de mis sobrinos, de Catalina y de Margarita, quienes me miraron con una cara de "esto no puede ser posible!", me levanté de la silla y bajé a unirme al baile de las comunidades.

Mostrando respeto por lo que allí estaba sucediendo y al mismo tiempo conmovido por ese ambiente que me atraía, entré lentamente al círculo y comencé a danzar con ellos, al ritmo de los tambores. Lo mío no es la danza, pues mi descoordinación es total para ese asunto, sin embargo, había algo especial en esos tambores, en ese colorido, en las caras de los miembros de las comunidades que me produjo paz y un deseo, difícil de explicar, de integrarme con ellos. Después de unos quince minutos aproximadamente la danza paró, así que aproveché para completar la integración hablando con ellos. Tuve la suerte de que quien lideraba la marcha estaba muy cerca de mí y nos pusimos a conversar. Resultó que él era de Dakota, hablaba español y hacía un tiempo había estado visitando Colombia. El Pow Wow no había podido ser mejor.

Volteé a mirar hacia arriba buscando a mi familia y ellos con risas nerviosas me daban a entender que todavía les parecía una locura que yo hubiera bajado a unirme a la danza.

Para mi fue una experiencia inolvidable y un símbolo de esperanza, de lo que debería ser la integración en armonía de todos quienes vivimos en este mundo.

"El luto desde la distancia"

Como había mencionado en un capítulo anterior, esta aventura implicó varias despedidas que nos quedaron grabadas en el corazón. Sin embargo, en estos diecinueve años, ha habido otras que han sido aún más doloras, no solo porque han sido definitivas, sino porque nos ha tocado vivirlas desde la distancia. Me refiero a la partida de varios seres queridos.

Hacer el duelo desde lejos es difícil. Usualmente estos eventos los enfrenta uno en familia, en comunidad, pero, ahora nos ha tocado vivirlos individualmente, en la distancia. Es cierto, que estando lejos de la familia, uno se va adaptando a no verla a diario y en algún sitio del corazón va uno procesando la pena de perderse ese día a día que antes tanto disfrutaba, pero un asunto muy diferente es enfrentar la partida definitiva de alguno de sus miembros. Ahí ya no hay segundas oportunidades y tanto el dolor del momento como el de las vivencias que nunca lo fueron, debido a la lejanía, se combinan para que esas partidas sean aún más difíciles.

Las luchas del corazón y la razón abundan en estas situaciones: ¿voy a visitarlos ya?, ¿espero otro poco a ver si las circunstancias cambian?, ¿si voy otra vez, qué pasará con mi trabajo?, ¿voy ahora que todavía está lúcido o lúcida?, ¿o espero para poder ir al funeral y al entierro?

En nuestro caso, la lista de 'despedidas' ha sido larga en este tiempo. Por parte de la familia de Margarita: La abuela Fela, Jorge (papá); Tías y Tíos: Soledad, Urías, Alicita, Marinita, Hernando, Tita y Hernán (cuñado), para mencionar solo a algunos. Y en la mía: mi papá.

Para Margarita por ejemplo, fue muy duro no volver a ver a Tita recibiéndonos en el aeropuerto. Tita siempre estaba allí esperándonos, a sus casi 80 años, con su cabello perfectamente peinado, maquillaje y vestido como para una fiesta, zapatos de tacón alto y una sonrisa con la que cariñosamente nos daba la bienvenida.

Fue duro enterarnos de la repentina enfermedad de Hernán, de su inesperada partida tan solo tres semanas más tarde y no poder asistir ni a su funeral y ni a su entierro. Nos quedó además de los gratos momentos que compartimos con él en Colombia, donde habíamos disfrutado de sus atenciones, su generosidad y capacidad de servicio, el gusto de su visita a nuestra casa en Canadá, justo el día de los eventos del 11 de septiembre del 2001.

Fue duro en la distancia, acompañar a mi papá en sus siete meses de sufrimiento y agonía, desde cuando le detectaron su cáncer hasta cuando falleció. A dios gracias, tuve la fortuna de poder visitarlo cuatro veces en esos siete meses, pero me habría gustado haber compartido más tiempo con él, con mis hermanos y especialmente con mi mamá, para quien ese proceso fue largo y penoso. La forma que encontré para manejar esta partida, fue sentarme casi todas las noches, por dos meses, a escribir todo lo que había significado este proceso para mí. Con frecuencia Margarita me preguntaba, "¿Cami, qué es lo que tanto haces por las noches?, ¿por qué te quedas hasta tan tarde?". Sólo hasta que le mostré "El Roble", el libro que le escribí a mi papá, ella entendió lo que había estado haciendo. Quizás, el libro también lo habría escrito si aún hubiera estado viviendo en Colombia, pero el hecho de estar en Canadá, definitivamente hizo que lo sintiera diferente.

Fue duro también, la partida de mi suegro Jorge. Naturalmente para Margarita fue perder a su papá, para quien ella había sido su niña consentida. No puedo hablar por Margarita, respecto a cómo se sintió ella con esta pérdida, pero si fui testigo de su lucha por visitarlo cuando pudo, de mantenerse en contacto con él, de conversar con él para no dejar asuntos pendientes, de su reposada decisión de no asistir al funeral y del regalo que le dio dios de haber podido rezar con él, por el teléfono, justo unos momentos antes de su muerte.

En mi caso, Jorge más que mi suegro, era un amigo. Con él conversábamos frecuentemente y por largo tiempo (lo cual no es común que yo haga con otras personas). Los temas eran variados, desde 'La Geografía del Espacio' o 'La inmortalidad del cangrejo', como decía él, cuando las charlas eran sobre temas banales, pasando por temas literarios referentes a sus escritos, a los míos, a los de otros autores recientes o a libros que él tenía guardados hacía décadas y de los cuales me compartía apartes para conversar sobre ellos. La última charla que tuvimos por teléfono se dio unos pocos días antes de su muerte y duró dos horas. Fue un privilegio que Dios me dio, pues creo que él no tuvo de nuevo una conversación tan larga, ni tan coloquial y espontánea como esa. Yo la grabé y creo que él se dio que cuenta, aunque no me lo dijo. Lo digo, porque en esas dos horas me hizo un recuento de su vida, de sus experiencias y de sus andanzas. Fue mucho lo que nos reímos. Para mí esta fue su despedida y un regalo que me hizo, como un último recuerdo 'vivo', de tal forma que yo lo pudiera recordar tal y como él era. No pude ir a su funeral, pero él sabe que no hizo falta. Lo que había que decir ya se había dicho...en la distancia. No sobra decir, que extraño mucho sus conversaciones.

¿Qué viene a futuro?, seguramente mucha otras 'despedidas', de propios y ajenos, que desde aquí seguiremos procesando.

No sé si pasaremos toda nuestra vejez en Canadá, eso solo lo sabe Dios, pero sé que no me gustaría que Catalina tuviera que vivir en un futuro, nuestra partida de este mundo, como tuvimos que vivir Margarita y yo, la de nuestros respectivos papás. Pongo la confianza en Dios, para que sea él quien disponga las mejores circunstancias, en las cuales estos eventos se lleguen a dar.

"Volviéndonos canadienses"

Esta aventura de emigrar a Canadá si bien tuvo una fecha de inicio cuando nos dieron la residencia oficialmente, nunca tuvo una fecha de planeada de finalización. Como probablemente les ha sucedido a otras familias, nos fijamos unas metas a corto plazo, como fue mejorar el inglés, vivir en paz y lograr la ciudadanía, dejando las restantes para que se fueran definiendo y concretando con el transcurrir del tiempo.

La meta de la ciudanía se logró a los cuatro años y en ceremonia solemne en el año 2004 le juramos lealtad a la Reina Isabel y nos convertimos en orgullosos ciudadanos canadienses.

Con respecto al idioma, Catalina, como era de esperarse, logró un bilingüismo perfecto. Mientras que en el caso casi mío y el de Margarita, el acento y la estructura gramatical del español que empleamos al hablar y al escribir, van a seguir ahí presentes irremediablemente de por vida. Hoy en día, Diecinueve años después, todavía hay ocasiones en las que nos solicitan que repitamos lo que decimos pues no nos entienden, y en otras, luego de miramos el uno al otro nos decimos: "¿..y qué fue lo que nos dijeron?". Sin embargo, el nivel de inglés podíamos decir que es bastante funcional y nos permite a cada uno desempeñarnos satisfactoriamente en nuestros respectivos trabajos. Mi nivel de inglés ya no va a mejorar substancialmente, pero de lo que sí estoy seguro es que el español, del cual me preciaba hablar y escribir muy bien, ha decaído a merced del inglés y de la falta de lectura en español. Lo noto tanto en la comunicación como en la escritura, específicamente en la ortografía y algo de la gramática. Con frecuencia, cuando hablo en español, me viene primero a la mente la palabra en inglés, o si voy a escribir palabras con 's', 'c' o 'z' dudo de su ortografía y tengo que recurrir al programa corrector o al Internet.

Vivir en paz ha sido una ganancia importantísima, reaprender a caminar mirando solo para adelante sin estar revisando permanentemente quien viene detrás de uno, ha sido un alivio emocional invaluable. Asimismo, disfrutar de la sencillez y simplicidad con que el canadiense promedio vive la vida, ha sido otro elemento para comprobar que la decisión de emigrar fue la correcta. Como sencillez y simplicidad me refiero a gozar de las caminatas alrededor del barrio o en algún parque con la sensación de que es seguro hacerlo; disfrutar los desfiles que hacen en cada pueblo en fechas especiales para celebrar ocasiones como la Navidad, un festival étnico o uno de carros antiguos; el paseo en invierno a ver los árboles de maple y repasar el proceso de producción de la mundialmente famosa miel de maple; visitar la granja en otoño para recoger las calabazas, el maíz y los girasoles para adornar la entrada de la casa; los paseos en el verano a los miles de parques, lagos y playas donde se disfruta al máximo cada segundo de calor de un verano extremadamente corto comparado con el invierno; el plan familiar para ir a recoger fresas, frambuesas, cerezas o manzanas o a cortar el árbol de navidad; la ida a Barrie, al norte de nuestra casa, a la tienda de Kawartha y saborear un delicioso helado de cereza ('bourdeax cherry') de doble bola) y muchas otras actividades más.

Este proceso de ‘volvernos canadienses’ ha sido como los efectos de una puesta de sol. Uno se prepara para observarla, va hasta el sitio apropiado, escoge el lugar y la posición para disfrutarla, está atento a los cambios que se van dando en el sol, en las nubes, el agua (si se está al lado de ella) y se dispone a deleitarse con todo ese firmamento y la multiplicidad de tonos que se va develando frente a uno. Y si esto se repite con frecuencia, con el paso del tiempo, nuestro espíritu se habrá nutrido y nuestro cuerpo se habrá bronceado sin que uno lo haya notado conscientemente.

Así ha sido este proceso. Sé que he cambiado y el cambio me ha producido una sensación de pertenencia a este país, que por supuesto no tenía cuando llegué y que se ha ido dando poco a poco. La sencillez y la simplicidad que mencionaba antes me ha hecho valorar que es en las cosas simples del día a día dónde se nos va la vida, por lo tanto hay que vivirlas conscientemente. Un cambio que se ha dado poco a poco, en cada renacer de la primavera cuando todo vuelve a la vida y en donde en cada hoja y en cada flor se hace un homenaje a la vida misma. Un cambio que en cada día del verano con sus días largos y sus noches cortas nos invita a aprovechar la vida al máximo, pues uno sabe que ésta será relativamente tan corta como lo es el verano. Un cambio en cada día de esa maravilla que se llama otoño donde la mezcla de verdes, amarillos, naranjas y rojos nos seducen, nos transportan y nos recuerdan que, como cada hoja, todos los días nos secamos y nos morimos un poquito. Y en cada día de invierno, que a mi en particular, me recuerda la resiliencia que debemos tener para superar los obstáculos de la vida, con la esperanza, convertida en certeza, de que todo invierno siempre terminará en primavera.

En estas últimas líneas de este libro y mientras miro por la ventana caer la nieve en este enero que parece romperá varios récords por el frío y la cantidad de nieve que ha caído, me pregunto: "¿me volví ya ciento por ciento canadiense?". No sé si hay inmigrantes que puedan responder afirmativamente a esta pregunta. Yo siento que mi casa está acá, pero todavía una parte de mi tiene un pie en el trópico, especialmente porque el resto de mi familia vive allí y porque sé que con los años los inviernos se tornan más difíciles de soportar. Es posible, como dije en la introducción que un día “El Inglés interior”, pueda sobrepasar al “Español interior”. Mientras esto sucede, es el “Spanglish interno” quien ha escrito este libro. Por esto, hoy solo puedo decir: “Este es quien yo soy!” y “Este no es quien yo soy!”.

www.ingramcontent.com/pod-product-compliance
Lightning Source LLC
Chambersburg PA
CBHW070427290526
45791CB00005B/1875

* 9 7 8 0 9 7 8 2 8 4 3 4 3 *